――― 西南学院大学博物館研究叢書 ―――

戦争と学院

戦時下を生き抜いた福岡のキリスト教主義学校

War and Academy

Three Mission Schools in Fukuoka Survived Through the Asia-Pacific War

下園知弥・山本恵梨＝編

西南学院大学博物館
SEINAN GAKUIN UNIVERSITY MUSEUM

ご挨拶

　西南学院大学博物館は，2006（平成18）年の開館以来，本学の建学の精神であるキリスト教主義にのっとり，キリスト教文化に関する資料収集・調査研究・展示教育活動をおこなってきました。私たちの使命のひとつは，博物館資料という具体的なモノをとおして，キリスト教文化の理解を深める教育研究活動をおこなうことであり，時代や国，教派の枠にとらわれず，多種多様なキリスト教文化に関する資料を調査し，その成果を発信しています。今回は，これまでの調査研究活動の中から「戦争と学院─戦時下を生き抜いた福岡のキリスト教主義学校─」というテーマで展覧会を開催することになりました。

　西南学院は2016（平成28）年の「創立百周年」にあたり，キリスト教主義の学校としてのこれまでの歩みを振り返りました。その歩みの中で，西南学院もアジア・太平洋戦争に加担し諸外国の人々をはじめ多くの人々に多大な苦しみを与えただけでなく，その責任について戦後になっても公に表明してきませんでした。そうした過去に対する責任を痛感するとともに，建学の精神を守ることができなかったこと，キリストに忠実に歩んでこなかったことを心から謝罪して「平和宣言」をおこないました。

　本展覧会は，西南学院だけでなく，同じミッションスクールの福岡女学院，西南女学院にもご協力いただき，戦時下におけるキリスト教主義学校のおかれた状況や戦争に関わりを持つことになった苦悩などを紹介する場となるとともに，戦争に関わったという事実に対する責任と反省をあらためて表明する場にもなることを確信しています。一度，戦争が起きてしまうと多くの命が失われ，人々の平和な生活は奪われてしまいます。そして戦争が終わっても，数十年以上の長きにわたってその苦しみは続くことになってしまいます。終戦後78年が経とうとしている現在，私たちの「戦争に対する記憶」は否応なく風化しつつあります。本展覧会で示されている「戦争の記録」をとおして，今一度，戦争の悲惨さと平和の尊さを実感し，二度と悲劇が起きないよう，ひとりひとりが思いを新たにできれば幸いに存じます。

　　2023年5月29日

西南学院大学博物館館長

片 山 隆 裕

目　次

❖ 開 催 概 要 ❖

2023年度 西南学院大学博物館特別展
戦争と学院―戦時下を生き抜いた福岡のキリスト教主義学校―
War and Academy: Three Mission Schools in Fukuoka Survived Through the Asia-Pacific War

　民衆の生活や文化に対してさまざまな統制がおこなわれたアジア・太平洋戦争期の日本において，キリスト教主義を掲げた学校は「敵性語」や「敵の文化」を積極的に取り入れていると批判を浴び，その多くが存続の危機に晒されていた。欧米文化の排斥が活発化する中，全国のキリスト教主義学校は，国家に協力姿勢を示しつつ，学校の形態や授業内容，行事名を変えるといったさまざまな工夫によって学校存続を試みた。

　本展覧会では，福岡県の三つのキリスト教主義学校，福岡女学院・西南女学院・西南学院に注目し，各学院で当時実際に使用されていた制服や教科書，当時の様子を写した古写真や映像などの展示を通して，戦前から戦時下にかけての学生生活と教育の変化について紹介する。

　In the Asia-Pacific War, when the Japanese government controlled society's life and culture, Christian schools were criticized as they actively adopted "the language and the culture of the enemy." Therefore, most of them faced an existential crisis. On activating the exclusion of Western culture nationwide, Christian schools in Japan attempted various strategies for survival, such as changing school management, class content, and certain events in accordance with national policy.

　This exhibition focuses on three mission schools in Fukuoka—Fukuoka Jo Gakuin, Seinan Jo Gakuin, and Seinan Gakuin. Through the exhibits such as uniforms, textbooks, pictures, and movies at that time, we introduce the change in school life and education from before to during wartime.

主催：西南学院大学博物館
会場：西南学院大学博物館1階特別展示室・ドージャー記念室
会期：2023年5月29日（月）～7月29日（土）
協力：学校法人 西南女学院　北九州市立自然史・歴史博物館　西南学院史資料センター
　　　西南学院大学図書館　同志社大学 神学部　福岡女学院資料室　兵士・庶民の戦争資料館
後援：福岡市　福岡市教育委員会　（公財）福岡市文化芸術振興財団

【凡例】
◎本図録は，2023年度西南学院大学博物館特別展「戦争と学院―戦時下を生き抜いた福岡のキリスト教主義学校―」〔会期：2023年5月29日（月）～7月29日（土）〕の開催にあたり，作成したものである。
◎図版番号と展示順は必ずしも対応していない。
◎各資料のデータは，原則として〔年代／制作地／作者／素材・形態・技法／所蔵〕の順に掲載している。写真資料については，〔撮影年／所蔵〕の順に掲載している。
◎原典からの引用文中の漢字について，常用漢字体があるものはそれに改めた。
◎本図録の編集は下園知弥（本学博物館教員），山本恵梨（本学博物館学芸調査員）がおこなった。編集補助には，鬼束芽依（本学博物館学芸研究員），迫田ひなの（同），相江なぎさ（本学博物館学芸調査員），栗田りな（同）があたった。
◎各部の構成・解説の担当者は以下の通り。序章：下園知弥，第1章：山本恵梨，第2章：下園知弥，第3章：下園知弥・山本恵梨。
◎資料解説は下園知弥，山本恵梨，鬼束芽依，宮川由衣（西南学院史資料センターアーキビスト）が執筆した。
◎本図録に掲載している写真を許可なく転写・複写することは認めない。

序章
宗教団体法と
日本基督教団の成立

Religious Organization Law and
the Founding of the United Church of Christ in Japan

　1930年代に急速に進んだ戦時体制下のもと，1939（昭和14）
年に「宗教団体法」が成立，翌年に施行された。神道・仏教・
キリスト教およびその他宗教団体の統制強化を目的とするこの
法律は，登録団体を公認宗教として位置付け，それらの団体に
課税免除などの特権を与える一方で，国家の方針への従属を義
務付けるものでもあった。それゆえ，キリスト教界の反応はさ
まざまであったが，自らの存続のため，各教会は登録団体を新
たに設立し，そこへ教会組織を統合していくこととなった。

　福岡のキリスト教主義学校である福岡女学院・西南女学院・
西南学院が組み込まれることになったのは，プロテスタント諸
教派によって1941（昭和16）年に設立された日本基督教団であ
った。設立時の日本基督教団は，その多様性ゆえに，11の部に
よって構成されていた。しかし当初より完全合同を求める内外
の声は強く，1942（昭和17）年11月に部制は解消され完全合同
へと移行した。こうして日本基督教団は，国家と各教会の微妙
な関係を媒（なかだち）する組織として，戦時下の諸問題と向き合いながら
プロテスタント諸教派の舵取りをおこなう役割を担っていった。

　Under the advance of the wartime regime in the 1930s, the "Religious
Organization Law (*Shūkyō-Dantai-Hō*)" was enacted in 1939 and enforced the
following year. This law aimed to strengthen the control of Shinto, Buddhism,
Christianity, and other religious organizations and made registered organizations
official. The official organizations were given certain privileges, such as tax
exemptions, but conversely, they were obligated to obey the national policy.
Therefore, it raised mixed reactions from Christians, but churches in Japan
decided to establish new registered organizations for their survival.

　Three mission schools in Fukuoka—Fukuoka Jo Gakuin, Seinan Jo Gakuin,
and Seinan Gakuin—were integrated into the United Church of Christ in Japan
(UCCJ), which is an organization founded by protestant churches in 1941. At
the time of its establishment, UCCJ comprised 11 departments because of their
diversity. However, there were many internal and external calls for complete
integration, and UCCJ transitioned to complete integration in November 1941.
Thus UCCJ, as an organization mediating between the nation and Christians,
came to play the role of steering through various problems during wartime.

参考　宗教団体法関係法令諸手続集

1940（昭和15）年／奈良／奈良県学務部社寺兵事課／冊子／国立国会図書館

1939（昭和14）年に成立した宗教団体法に関する諸手続きを記した文書（奈良県版）。本文書の「宗教団体法」の項では，第一条に「本法ニ於テ宗教団体トハ神道教派，仏教宗派及基督教其ノ他ノ宗教ノ教団〔中略〕竝ニ寺院及教会ヲ謂フ」と記載されており，神道・仏教と並んでキリスト教が日本の宗教団体として明記されている。（下圏）

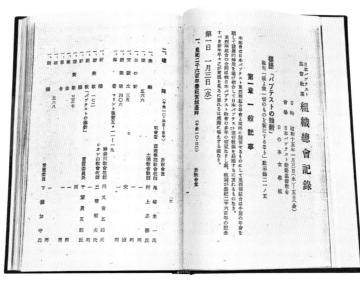

参考　日本バプテスト基督教団組織総会記録

［原本］1940（昭和15）年／東京／日本バプテスト基督教団本部事務所／冊子／同志社大学神学部

宗教団体法の施行後，プロテスタント諸教派はまず各々で宗教団体を設立してこの新体制に適応しようとした。たとえば，バプテスト教会は1940（昭和15）年1月に日本バプテスト基督教団を設立しており，その後日本基督教団に合流している。本資料は，日本バプテスト基督教団設立後に開かれた最初の総会の記録である。（下圏）

参考　日本基督教団創立総会記録

［原本］1941（昭和16）年／東京／日本基督教団／冊子／同志社大学神学部

本資料は，日本基督教団の創立に際して開催された総会の記録である。本総会では，部制の整備や文部省との折衝といった創立準備に関わる諸活動の内容が簡潔に報告されている。部制に関しては，救世団（救世軍）の参加に際して礼典が問題となり「解決一時困難に陥りし」ことが記されており，異なる背景をもつ諸教会が合同することは容易ではなかったことがうかがえる。（下薗）

参考　『教団時報』第十六号

1942（昭和17）年／東京／日本基督教団／新聞
出典：日本図書センター『近代日本キリスト教新聞集成　第2期』第37巻

1941（昭和16）年に創刊した日本基督教団の機関紙の第16号（昭和17年11月15日発行）。本号では，「部制の解消」という見出しで，日本基督教団が完全合同に踏み切った背景が説明されている。そこでは，長期継続の見込みがない部制によって各部や教団自体の活動が阻害されている現状に言及しつつ，「国家の非常時下にこんな風では部制あるが為に，宗教団体としての活動が何も出来ないことになる。それではいけないと云ふので，今次総会に於て思ひ切つて部制を解消することとなつた」と記されている。（下薗）

西暦和暦	日本キリスト教界	日本社会の出来事
1931 昭和6	【カトリック】●公教青年会解散。●全国カトリック出版物協議会開催。【プロテスタント】●日本宗教平和会議開催。●第1回日本SCM大会、東山荘で開催。●基督教保育連盟成立。●日本基督教連盟、満洲事変に関する声明書を発表。●基督教海外伝道協会創立（会長小崎弘道）。	●中村震太郎大尉、中国軍に虐殺される。●満洲で万宝山事件起こる。●満洲事変（柳条湖事件）起こる。●チチハル占領。
1932 昭和7	【カトリック】●全日本司教協議会が開催され、神学校、出版社などに関し協議。●樺太は独立宣教区となり、ポーランドのフランシスコ会に委ねられる。●長崎の大浦天主堂、国宝に指定される。●靖国神社参拝拒否事件により、上智大学に配属の教練教官が引き揚げる。【プロテスタント】●日本基督教連盟、政府に対し「時局に関する進言」、欧米各国キリスト教団体に対し声明書を発表。●宗教家教育家懇談会、学士会館で開かれる。●日本基督教青年会第42回夏季学校にてSCM会員による混乱生じ、会期1日を残して解散。●第3回日本SCM研究会大会にて中央執行委員長長篭光顕ら脱退。	●満洲占領。●山海関に進出。●上海事変。●井上準之助、團琢磨暗殺（血盟団事件）。●満洲国建国。●上海事変停戦調印。●五・一五事件。●愛郷塾が東京の発電所を襲う。●リットン調査団報告、国際連盟が日本へ満洲からの撤退を勧告。
1933 昭和8	【カトリック】●全国教区長協議会開催。●上智大学配属将校に小出治雄大佐を任命。【プロテスタント】●日本聖書信仰連盟設立（理事長中田重治）。●灯台社幹部、千葉で不敬罪により検挙。	●小林多喜二の死。●日本が国際連盟脱退、「栄光ある孤立」へ。●大阪でゴーストップ事件起こる。●関東地方防空大演習おこなわれる。●出版法、新聞法改正。●海軍から良識派が去りはじめる。
1934 昭和9	【カトリック】●全日本司教協議会開催。●全日本カトリック出版物協議会開催。●全国カトリック出版委員会発足。【プロテスタント】●近江ミッション、近江兄弟社と改称。●基督教独立学校創立。●「神の国運動」終わる。	●林銑十郎が陸相、永田鉄山が軍務局長になり陸軍強化。●溥儀、正式に満洲国皇帝となる。●陸軍パンフレットが頒布される。●超大戦艦建造の命令が軍令部から建艦部に出される。●ワシントン条約破棄決定。
1935 昭和10	【カトリック】●日本カトリック文化協会発足。●全日本教区長会議開催、共同教書発布。「公教要理」の改訂を決定。●文部省、全司教・教区長に国体明徴声明を全教会に通達を全命ず。【プロテスタント】●同志社大学講武館に神棚を設置。●文相の宗教家招待懇談会が開かれる。	●天皇機関説問題起きる。●国体明徴声明発表。●永田鉄山暗殺（相沢事件）。
1936 昭和11	【カトリック】●カトリック教会、シャンボン名義で宗教団体法制定に関し意見書提出。●全日本司教協議会開催。●教皇庁、駐日教皇使節館に書簡を送り、カトリック信徒の愛国心表現の徹底を期す。●国体明徴に関し、「カトリックの立場」刊行。【プロテスタント】●南メソジスト教会宣教50年記念大会、大分で開催。●基督教幼稚園創始50周年記念祝賀会を東洋英和女学校で開催。●立教大学学長木村重治、天長節の「勅語奉読事件」で辞職。●基督友会50年記念式を聖坂基督友会会堂で開催。●東洋宣教会日本ホーリネス教会分裂し、中田重治らはきよめ会を、車田秋次、米田豊らは日本聖教会を結成。●満洲基督教連合会結成。	●二・二六事件。●軍部大臣現役武官制復活。●不穏文書取締法、日独防共協定調印。●「大日本帝国」の呼称決定。
1937 昭和12	【カトリック】●全日本司教協議会開催。【プロテスタント】●英国聖書協会および米国聖書協会を日本聖書協会と改称。●基督教出版協会創立。●同志社湯浅八郎総長の教育勅語「誤読」事件。●日本神学校および植村記念会館献堂式。●ヘレン・ケラー来日。●日本聖公会50年記念大会挙行。●救世軍より一部が分離し、日本福音伝道会を結成。●国民精神総動員運動のため、文部省による宗教団体・社会教育団体の懇談会開催。●日本基督教連盟、「非常時に関する宣言」を発表。●日本基督教連盟、皇軍慰問事業部を設ける。●矢内原忠雄、「国家の理想」を『中央公論』に発表、全文削除にあう。●『求道』主筆藤沢武義、不敬罪などにより検挙。●日本基督教連盟、「支那国事変ニ関スル声明」を発表。●政池仁『基督平和論』（再版）発売禁止。●基督教徒祖国愛運動始まる。	●盧溝橋事件、日中戦争始まる。●南京陥落。
1938 昭和13	【カトリック】●全日本司教協議会開催。【プロテスタント】●大阪憲兵隊、大阪府下の教会およびキリスト教主義学校に対し、13条の質問状を出す。●文部省主催の神・仏・基の宗教談話会開催。●朝鮮基督教青年会が日本基督教青年会同盟に加入を決定。●日独伊親善協会による神・仏・基の連合懇談会開催され、防共宗教連盟の結成を定める。●同志社、御真影奉安殿献堂式。	●トラウトマンの和平工作打ち切り。●「蒋介石を対手にせず」の近衛首相声明。●国家総動員法成立。●「東亜新秩序声明」発表。●漢口陥落で旗行列、提灯行列が続く。
1939 昭和14	【カトリック】●全日本司教会議開催。【プロテスタント】●基督教同志会結成。●満洲日本基督教連盟結成。●日本組合基督教会全国信徒大会、朝鮮の京城で開催。●国民精神総動員に関する神・仏・基の代表者協議会、文部省で開催。	●三国同盟締結をめぐり五相会議が盛んに開かれる。●零戦が誕生。●国民精神総動員委員会が設置され「生活刷新」を推進。●満蒙開拓青少年義勇軍計画の発表。●「青少年学徒に賜りたる勅語」発表。●山本五十六が遺書「述志」をしたためる。●ノモンハン事件。●天津事件で日本は英仏租界を隔離、反英運動盛んに。●アメリカが日米通商航海条約破棄を通告。●山本五十六が連合艦隊司令長官に赴任、海軍中央を去る。●ドイツのポーランド侵攻、第二次世界大戦起こる。●「創氏改名」（朝鮮戸籍令改正）。

年	キリスト教関連	一般
1940 昭和15	【カトリック】●全国司教会議開催。【正教会】●公会において，モスクワ総主教庁との関係断絶を表明。【プロテスタント】●東西両バプテスト合同し，日本バプテスト教団結成。●文部省，キリスト教代表者に教団認可の標準（教会50以上，信徒数5000人以上）を通告。●東京憲兵隊，救世軍司令官植村益蔵らをスパイ容疑で取り調べる。灯台社，結社禁止処分。●キリスト教主義学校長会議，日本的キリスト教教育の樹立を決議。●皇紀2600年奉祝全国基督教信徒大会，青山学院で開催され，「吾等ハ全基督教会合同ノ完成ヲ期ス」など宣言。●日本基督教連盟，大麻・神棚問題委員会を開く。	●「不敬」な芸名など改名，七・七禁令発布，「生めよ殖やせよ」と叫ばれる。●アメリカが屑鉄の日本輸出禁止。●日独伊三国軍事同盟調印。●ダンスホール閉鎖。●皇紀2600年の大式典催される。●ウォルシュ，ドラウト両神父「日米国交打開策」を携え来日。●海軍出師準備実施。●海軍国防政策委員会設置。●松岡洋右外相訪欧。
1941 昭和16	【カトリック】●東京公教大神学校焼失。●神学校援助姉妹会創立。●日本天主公教教団統理者土井大司教，日米開戦につき教書を発布。【正教会】●特高警察など当局の介入により臨時公会開催。【プロテスタント】●大日本宗教報国会結成。●日本基督教団創立総会を富士見町教会で開催。●日本基督教連盟，日本基督教連合会と改称。●日本基督教団，日本基督教報国団を組織。●日本基督教団設立認可。●日本基督教連合会，大東亜戦争完遂宗教翼賛大会に参加。	●松岡洋右外相がヒトラーと会談，モスクワでスターリンと日ソ中立条約調印。●野村吉三郎大使がアメリカ赴任，「日米諒解案」作成。●第1回御前会議開かれる。●アメリカが在米日本資産凍結。●日本軍が南部仏印進駐。●アメリカが対日石油輸出全面禁止を通告。●関東軍特種大演習で満洲に兵力を集中。●第2回御前会議開かれる。●第3回御前会議で対米開戦決定。●アメリカが甲乙案拒否，「ハル・ノート」届く。●第4回御前会議開かれる。●「ニイタカヤマノボレ」の開戦命令。●真珠湾攻撃，太平洋戦争開戦。●マレー沖海戦，イギリス東洋艦隊撃沈，香港攻略。●超大戦艦大和竣工。
1942 昭和17	【カトリック】●日本天主公教教団第3回中央協力会議開催。【プロテスタント】●日本基督教団統理富田満，総務局長鈴木浩二，伊勢神宮参拝。●大詔奉戴宗教報国全国大会，九段の軍人会館で開催。●興亜宗教同盟創立（神道，仏教，キリスト教，イスラム）。●日本基督教団第6部（前日本聖教会）・第9部（前きよめ教会）および東洋宣教会きよめ教会の96名，検挙される。●日本基督教団，「戦時布教指針」を発表。●日本基督教団，礼拝前の国民儀礼の実施を各教会に通達。	●マニラ占領，シンガポール攻略。●アメリカによる東京初空襲。●日本文学報国会結成。●ミッドウェー海戦で大敗。
1943 昭和18	【カトリック】●日本天主公教教団臨時教区長会議開催，大東亜神学校設立を決定。【プロテスタント】●日本基督教団，戦時報国会を結成。●日本基督教団の前日本聖教会，前きよめ教会所属の教会，および東洋宣教会きよめ教会に解散命令。●日本基督教団内の神学校の整理統合がおこなわれ，東部神学校，西部神学校，女子神学校の開校式，東部神学校で挙行。●日本基督教団第2回総会が開催され，「皇軍将兵に対する感謝決議」，「愛国機献納献金」を可決，聖公会系60余りの単立教会の加入を承認。	●ガダルカナル島奪取される。●「撃ちてしやまむ」の決戦標語できる。●山本五十六戦死。●アッツ島玉砕。
1944 昭和19	【プロテスタント】●日本聖公会神学院，文部省により閉鎖。●日ノ本高等女学校長波岡三郎，日本の敗戦を説き検挙。●第七日基督再臨団，解散を命ぜられる。●日本基督教団「決戦態勢宣言」を発表。●日本基督教団，全国一斉必勝祈願の祈禱会開催を通達。●神道，仏教，キリスト教よりなる大日本戦時宗教報国会結成。●日本基督教団，「日本基督教団より大東亜共栄圏に在る基督教徒に送る書翰」約1万部を作成。	●インパール作戦惨敗。●サイパン島陥落。●学童疎開はじまる。●神風特別攻撃隊初出陣。●連合艦隊フィリピン沖でほぼ全滅。
1945 昭和20	【カトリック】●原爆により浦上天主堂崩壊。	●「本土決戦完遂基本要綱」決定。●硫黄島での敗退。●東京大空襲で下町が大被害。●九州坊岬沖で戦艦大和沈没。●日ソ中立条約破棄の通告。●天皇倒れる。●沖縄潰滅。●国民義勇兵役法が議会通過，竹槍訓練盛んに。●ソ連に和平交渉の仲介を願い出る。●ポツダム宣言が日本に届く。●広島・長崎に原爆投下。●ソ連が満洲に侵攻。●御前会議が開かれポツダム宣言受諾，終戦の詔書。●マッカーサー来日，ミズーリ艦上での降伏文書調印。

【参考文献】鈴木範久『日本キリスト教史：年表で読む』教文館，2017年／半藤一利『昭和史　1926-1945』平凡社，2009年

点ではなく線として

　宗教団体法と日本基督教団をめぐる当時のキリスト教界の動きから見えてくるのは，戦時下にあって国家の統制を受けつつも何とか組織を存続させようとしたキリスト教主義団体の生存戦略である。その戦略は，時として非キリスト教的なものであったかもしれず，抑圧的状況を考慮してもなお反省すべき点が多々あるに違いない（実際，日本基督教団は1967〔昭和42〕年に「第二次大戦下における日本基督教団の責任についての告白」を教団総会議長の名義で発表している）。しかしその一方で，「戦時下」の生存戦略があったために，「戦後」に大きな働きを成した教会や学校の数々が存続することができた，という事実も忘れてはならない。ゆえに，点ではなく線として，つまり単なる過去の出来事としてではなく今日までの繋がりを含めて，あの時の生存戦略の功罪は評価されるべきであろう。

コラム 宗教団体法成立以後のカトリックと正教会の動向

西南学院大学博物館教員 下園知弥

1940（昭和15）年に施行された宗教団体法は，プロテスタント諸教会のみならず，カトリックと正教会にもさまざまな波紋を呼ぶこととなった。複数の教派が合同して形成された日本基督教団が「部制か完全合同か」という問題を抱えていたのに対して，元々一つの統一された教派として活動していたカトリックと正教会には同様の問題は起こらなかったが，代わりに別の問題がそれぞれの教会で生じていた。本コラムでは，両教会において宗教団体法成立以後に生じた諸問題とその対応について紹介する。

カトリック

宗教団体法が施行された翌年の1941（昭和16）年の4月10日，日本カトリック教会は「日本天主公教教団」の設立認可についての申請書を文部大臣に提出した。この申請は認可され，同年5月3日に同教会は日本政府公認の宗教団体となった。

この申請に先立って，日本カトリック教会は各教区の邦人化の推進を決定しており，教区長はすべて日本人とされ，司祭もできる限り日本人が任命されるようになった。日本教会の管理者を日本人とすることはカトリックの元来の方針ではあったが，1873（明治6）年にようやく禁教が解かれた日本では，未だ信徒教育の多くを外国人宣教師に依存している状況であった。しかし治安維持法などにより統制を強めていた日本において，当局から敵視されていた外国人宣教師を管理者に据え続けることは困難になりつつあり，そこに宗教団体の統制を徹底化する宗教団体法が成立したことで，急激な組織改革をおこなったかたちである。

人事的な組織改革にも増して厄介だったであろう問題は「国家」と「教会」の関係である。周知のとおり，カトリックはヴァチカンのローマ教皇を頂点とする教派であり，教皇はすべてのカトリック信徒の指導者とされている。したがって，教会組織も教皇という「教会の指導者」を前提として制度が作られているが，宗教団体法は国家が宗教団体を統括・指導するという性格の法であった。それゆえ，日本天主公教教団として法人化した日本カトリック教会は，日本国民としては国家に従順でありつつ宗教団体としてはローマ教皇に従う，という道を進むこととなった。国家と教会の狭間で，二つのアイデンティティを自覚的に使い分ける道を選んだこの点に，日本カトリック教会の生存戦略の強かさが表れているように思われる。

正教会

明治期より日本伝道を開始し多くの信徒を得ていた正教会もまた，カトリックと同じく，宗教団体法の成立後に「日本ハリストス正教会教団」として設立認可の申請をおこなっている。しかしその認可へと至るまでには，或る面ではカトリックよりも複雑かつ困難な過程を辿った。

宗教団体法が施行された1940（昭和15）年，最初に教団の統理者とされたのはセルギイ・チホミーロフ日本府主教であった。しかしセルギイは同年9月に引退し，後任としてアルセニイ岩澤丙吉が選ばれるも，翌年1月にイアコフ藤平新太郎に交代し，7月にはニコライ小野帰一に交代している。

この交代劇の背景としては複数の要因が指摘されており，つまるところさまざまな要因が複雑に絡み合った結果2年間に4人も統理者が交代したわけであるが，ここで注目したいのは「国」という要素である。最初の統理者であったセルギイ府主教は信徒たちからの信頼が篤い人物であったが，主としてその出自・国籍ゆえに，日本とロシアの関係（あるいは日本正教会とロシア正教会の関係）を懸念した人々の思惑によって統理者を引退させられることになった。その判断自体は宗教団体法の性格に沿うもので，時局的にやむを得なかったかもしれないが，その後任が容易に定着しなかったということは，やはり適切な引退ではなかったということであろう。宗教団体法の成立が不適切な引退の引き金となり，それによって日本正教会は人事的な混乱に見舞われたのである。

＊　　　＊　　　＊

カトリックも正教会も共に，個々の教会の在り方を蔑ろにした宗教団体法の成立によって大きな困難を経験した。その苦しみの経験は，国家と宗教の問題を考える際の重要な事例として，次の時代を生きる我々が記憶しておくべきものであるに違いない。

キリスト教史学会編『戦時下のキリスト教：宗教団体法をめぐって』教文館，2015年

第1章
福岡女学院
戦火の葡萄
Fukuoka Jo Gakuin: Grapes Under the War

　1885（明治18）年にアメリカから派遣された女性宣教師
J. M. ギール（Jean Margaret Gheer, 1846-1910）によって設
立された英和女学校（以下，福岡女学院）は，福岡における
最初の女子高等教育機関として発足した。「神と隣人とへ
の愛に生きることを要とする，聖く，正しく，賢く，美し
く，強い主体的人格」の形成を目的として「キリスト教に
基づく女子教育」をおこなっている。

　外国人宣教師によって授業がおこなわれ，早くから欧米
文化を受容してきた福岡女学院では，大正時代になると和
装から洋装のセーラー服へと変わり，教育の中にも欧米由
来のスポーツなどが導入された。しかし，戦時下ではキリ
スト教主義教育や欧米文化が批判され，福岡女学院も戦時
体制へ移行していくこととなった。

Fukuoka Jo Gakuin was established by Jean Margaret Gheer (1846–
1910), who came from the United States and started as the first female
higher education institution in Fukuoka. This school has continued to
provide "Christian-based education for women" to shape "holy, righteous,
wise, beautiful, and strong individual personalities who live with love for
God and neighbors."
As Fukuoka Jo Gakuin conducted classes by foreign missionaries and
adopted Western culture from its early years, the sailor uniform was
designed as an alternative to traditional Japanese clothing, and Western
sports were introduced into the school curriculum. However, during
wartime, Christian education and Western culture came to be criticized.
Therefore, Fukuoka Jo Gakuin was required to transition to the war
regime.

第1節 欧化主義の時代

大正時代に入ると欧米文化が一般大衆の間にも浸透し始め，日本人の日常生活や女性の装いに変化が見られるようになる。福岡女学院でも制服の制定やスポーツの導入，オルガンやタイプライターを使用した授業など欧米文化の導入が次々におこなわれていった。

I-1. 福岡女学院校章

1941（昭和16）年以降／福岡／福岡女学院／金属製
福岡女学院資料室

福岡女学院の聖句である『ヨハネによる福音書』15章5節「わたしはぶどうの木，あなたがたはその枝である」から図案化された「一房のぶどう」を表した校章。戦時下，軍部に対しては，飛鳥時代の十七条の憲法「和（輪）を以て貴しとなす」になぞらえて説明した。(山本)

（左）I-2. 制服 冬服

1921（大正10）年〈制定〉／福岡／福岡女学院／布製
福岡女学院資料室

（右）I-3. 制帽

1921（大正10）年〈制定〉／福岡／福岡女学院／布製
福岡女学院資料室

福岡女学院のセーラー服は，制定から今日に至るまでほとんど形を変えることなく，現在も受け継がれている。1921（大正10）年の制定時に制帽も定められたが，日中戦争勃発後より物資の不足のため着用が義務ではなくなり，さらに制服のスカートも着用できなくなった。

(山本)

▷ 受け継がれる白い錨（いかり）

胸元の錨は讃美歌の「みもとにいかりをおろして安らわん」という歌詞に由来し，キリスト教信仰の証を表現したもの。制定から今日まで変わることなく，現在の制服にも同じマークが使用されている。

I-P1. **セーラー服を着た福岡女学校の生徒**

1921（大正10）年頃／福岡女学院資料室

福岡女学院では授業に体操や運動が取り入れられたが，袴（はかま）での運動は不便であったため，1921（大正10）年にエリザベス・リー校長（Elizabeth Margaret Lee, 1888-1990）によって，福岡県で初めてセーラー服を女学生の制服として導入した。この画期的な服装には，動きやすい折り目付きのプリーツスカートや制帽などが取り入れられ，人々の注目を集めた。（山本）

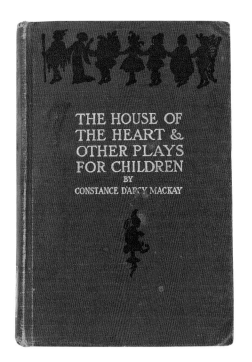

I-4. THE HOUSE OF THE HEART & OTHER PLAYS FOR CHILDREN

1909年／ニューヨーク／ Henry Holt and Company ／書冊
福岡女学院資料室

本資料は 1910（明治43）年に設置された英文専門科の卒業生が使用していた教科書である。当時の新聞の生徒募集広告には「タイプライター実習，海外移住予備教育，希望者若干名」と案内があり，将来に繋がる実践的な英語学習がおこなわれていたことがわかる。（山本）

当時の授業内容

　1903（明治36）年には福岡市に福岡女子師範学校が創立され，その後も女学校が次々に設立されていった。それを受けて福岡女学院でも課程の改定が試みられ，裁縫専科，音楽科，後に英文専門科（1915〔大正4〕年廃止），図画科，絵画科といった専門科も併設された。特に，当時福岡市でピアノを所有していたのは福岡女学院のみであり，音楽科ではピアノやオルガンの授業がおこなわれていた。

　授業内容も多岐にわたり，キリスト教主義学校としての特色が見られる「聖書」や「福音唱歌」の授業だけでなく，「読方」「書取」「文法」「作文」といった英語学習，体を動かす「普通体操」や「遊戯」などもおこなわれている。

　また，「看護」「育児」「家計簿記」や，「日本裁縫」「刺繍」の表記も見られ，当時の女性に求められた教育にも力を入れていたことがわかる。

1933（昭和8）年時間割▶

【出典】福岡女学校五十年史編纂委員編『福岡女学校五十年史』福岡女学校，1936年，39頁

I-P2. メイポールダンス

1937(昭和12)年／福岡女学院資料室

創立30周年を記念して1915（大正4）年から創立記念式典が催されるようになり，その翌年からはメイポールダンスがおこなわれるようになった。この行事については，卒業生による「一本のポールを囲んで，赤，白の長いリボンを引き，ピアノに合わせてダンスを楽しく踊り」という証言が残っている。(山本)

I-P3. バスケットボール中の女学生

撮影年不詳／福岡女学院資料室

福岡女学院で最初に取り入れられたスポーツの授業はバスケットボールであった。和服や草履で動くには不便であったことから，洋服で試合をするようになった。また，戦時下では「バスケットボール」という言葉は敵性語として認識されたため，日本語表記である「籠球」と呼ばれるようになったが，表記改変後も生徒たちに愛されるスポーツだった。(山本)

福岡女学院の伝統行事～メイポールダンスとメイクイーン～

❖メイポールダンス

ヨーロッパで古くから伝わる5月の豊穣を祈る祭りにおいておこなわれる踊り。イギリスよりアメリカにも伝播した。「5月の樹」（メイポール）は，天降る神と母なる大地を結びつける成長と繁栄のシンボルと考えられていた。病気や悪霊から家や家畜を守るため，生命と春の象徴である緑の枝や木を立てていたとされる。欧米諸国では5月1日に木を囲んで踊る祭りが伝統的におこなわれており，メイポールダンスとして現在も続けられている。

❖メイクイーン

福岡女学院では，メイポールダンスの実施と共に「メイクイーン」が選ばれる。

当初は最上級生の中から品行方正で学術優等な生徒が選ばれ，和服黒紋付で高座の布団の上に座っていた。時代の変化に伴い，メイクイーンの衣装は着物から純白のドレスに変化している。この創立式典行事を経て制服がギンガムの夏服に変わることから，「ミッションのメイクイーンから，福岡の町に夏がくる」といわれた。

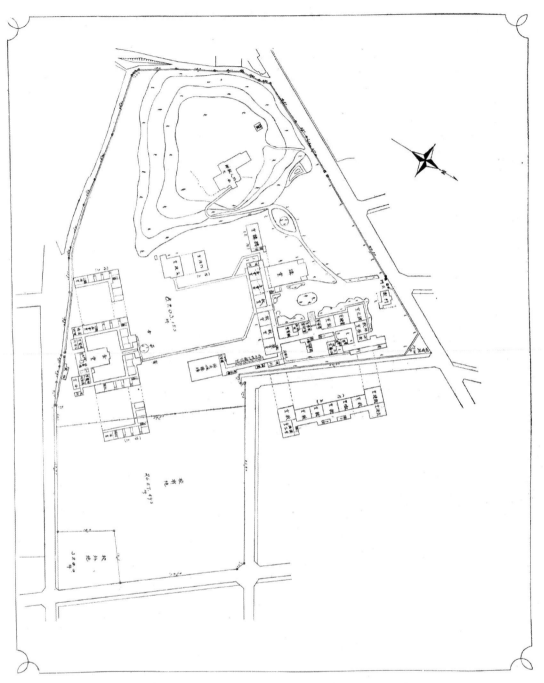

校地校舎及寄宿舎平面圖　　　Plan of our School

参考 1935（昭和10）年頃　校地校舎及寄宿舎平面図

1935（昭和10）年頃　出典：福岡女学校五十年史編纂委員会編『福岡女学校五十年史』福岡女学校, 1936年

平面図中には「外国人教師住宅」や1928（昭和3）年に竣工した「講堂」（リー記念講堂）があり，キリスト教主義学校としての特徴があらわれている。讃美歌などを含む音楽の授業にも力を入れており，9室のオルガン練習室と1室のピアノ練習室がみられる。また，茶の湯や生け花などを学ぶ場所である「家政室」や「作法室」の表記もみられ，欧米文化の受容と同時に日本の伝統文化を学ぶことも必要だと考えられていたようである。（山本）

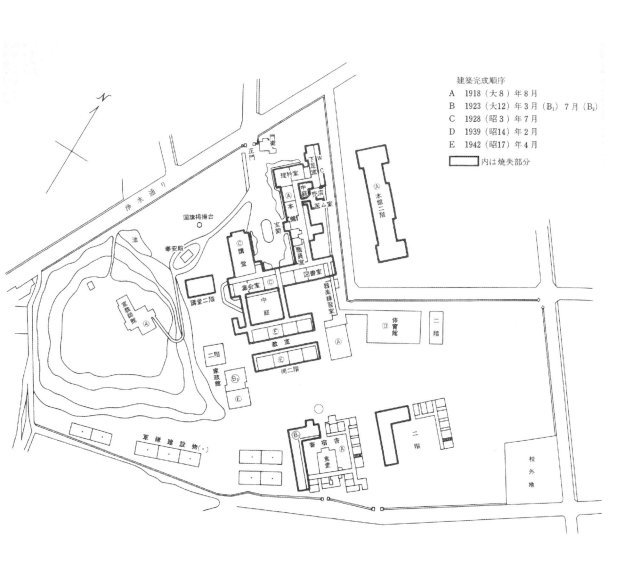

建築完成順序
A　1918（大8）年8月
B　1923（大12）年3月（B₁）7月（B₂）
C　1928（昭3）年7月
D　1939（昭14）年2月
E　1942（昭17）年4月
□　内は焼失部分

参考 1945（昭和20）年 戦災当時の校舎，建造物

1945（昭和20）年　出典：福岡女学院百年史編集委員会編『福岡女学院百年史』学校法人福岡女学院，1987年，211頁

平面図中，西側に「奉安殿」と「国旗掲揚台」，南側に「軍隊建設物」が表記されており，キリスト教主義を掲げる福岡女学院においても軍国体制へ移行していたことがわかる。1945（昭和20）年には，宣教師館と三教室を除く全ての校舎が軍に徴用され，借用代金として月額2630円が支払われていた。軍の徴用後も講堂使用の許可を取り，毎朝の礼拝をかかさずおこなっていたという。また，陸軍将校の中にはこの礼拝に参加する者もいた。（山本）

第2節 戦時下の学び舎

　戦時体制下で市民の生活が統制されるようになるにつれて，キリスト教主義を掲げていた福岡女学院も苦境に立たされることになる。全国の学校において「皇国の小国民」としての意識の強化が進められる中，福岡女学院は軍部への対応を工夫することでその学院の教育を守り抜いた。

福岡女学院の状況

軍への対応

　1940（昭和15）年は「皇紀紀元2600年」にあたり，福岡女学院の創立50周年の年でもあったことから，創立記念式典が盛大に催された。その際，式典後恒例の運動行事やバザーなどがおこなわれ，陸軍病院に入院中の戦傷病兵「白衣の勇士」約200人が招待された。7月には生徒約400人が兵営に出向き，3日間の勤労奉仕作業に従事，被服の手入れや修繕をおこなった。その後も，欧米文化やキリスト教排斥の時局の中で生き残るために，福岡女学院は日本軍に対する奉仕活動を度々おこなっていた。

福岡女学院と防空演習

　1940（昭和15）年9月の福岡市内灯火管制訓練中，福岡市の警防団員が福岡女学院校舎内からかすかな光が漏れていることに気づいた。「演習に非協力的である」と非難され，福岡女学院は翌日に「防火演習時に学校を水浸しにする」という計画の情報を知らされる。連絡を受けた平池次郎幹事と藤川勝丸教頭が福岡在郷軍人分会長と共に分団本部を訪ねることで事態は収拾した。この出来事は，キリスト教主義学校に対する当時の偏見，世相の一端がうかがわれる話として伝えられている。一方，その数日後の消防訓練では，職員と生徒の真面目な態度を見た分団幹部によって，訓練の成果に高評価がつけられた。

振武寮

　特攻作戦を主導した旧陸軍第6航空軍は，1945（昭和20）年に徴用した福岡女学院の寄宿舎を振武寮として使用した。特攻作戦で死なずに生還した兵士たちの存在を隠し，再指導するために利用されたと考えられているが，公的資料がなく設立経緯の詳細は不明である。特攻部隊「振武隊」が名前の由来だと考えられており，旧陸軍の幹部や元特攻隊員による証言などが確認されている。この振武寮のほかに，「軍隊建設物」もあり，浴場，倉庫，衛兵詰所なども存在したとされる。

撮影年不詳（福岡女学院資料室提供）

I-P4. モンペ姿の女学生

1944（昭和19）年／福岡女学院資料室

1940（昭和15）年に男子国民服*が制定され，その後女学生も国民服的な統一した服装をすることが求められた。福岡女学院でもスカートが廃止され，防空訓練や勤労作業の際着用されていた「モンペ」が義務化された。また，戦況悪化による物資統制の対象には，革などを使用する靴も含まれていた。そのため下駄を履くようになった女学生が増え，福岡女学院でも通学時には下駄の使用が許可された。（山本）

> **＊国民服**
>
> 戦況の悪化に伴い，国民の生活にもさまざまな規制がされた。革製品や衣服も統制の対象となり，背広や制服の新調は禁じられていくこととなる。また，1940（昭和15）年には「国民服令」により，個性的・華美ではない「国民服」が制定され，学生の制服としても指定されるようになった。空襲時に素早く避難することができるように，より動きやすく機能性のある服装が重要視され，特に太平洋戦争末期になると国民服を着用する人が増えた。

I-P5. 運動場の開墾（かいこん）

1943（昭和18）年／福岡女学院資料室

福岡女学院の生徒たちは，運動場の開墾や農村での作業など，戦時下の食糧増産に従事させられた。学校の校庭など広い土地を農作物生産用の土地として開墾するために，生徒たちは授業を停止せざるをえなかった。（山本）

I-P6. 奉安殿
ほう あん でん

1941（昭和16）～1945（昭和20）年／福岡女学院資料室

「御真影」と呼ばれた昭和天皇夫妻の肖像写真を安置するための奉安殿が，1941（昭和16）年2月に福岡女学院の国旗掲揚台近くに設置された。御真影は「空襲時にも命に代えて守るべきもの」と全国で定められており，福岡女学院でも正門を出入りする際は職員生徒共に最敬礼することが求められていた。（山本）

I-P7. 兵器工場で働く女学生

1943（昭和18）～1945（昭和20）年／福岡女学院資料室

国家総動員体制のもと，報国団*や女子挺身隊*が作られ，福岡女学院の生徒も博多区雑餉隈付近の九州飛行機工場などに派遣された。さらに，学徒通年動員が実施され，陸軍の造兵廠では銃器の部品製作などに従事させられた。生徒の中には，事故で手の指を切断したり，過労で亡くなったりした者もいたという。（山本）

*報国団

　戦況の悪化に伴い，1941（昭和16）年に文部省通達によって，各学校で「報国団」とよばれる軍隊式の組織の体制確立がおこなわれた。報国団結成後，文部大臣や厚生大臣の出勤命令の下，女学生たちは授業を止めて国内防衛要員として配備された。

*女子挺身隊

　国家総動員法下の日本では，次々に学生を軍事動員させる制度が作られた。1943（昭和18）年9月以降には女子勤労動員の制度が定められ，25歳未満の女性は「女子挺身隊」という組織で軍需産業に従事させられた。さらに，1944（昭和19）年の「女子挺身勤労令」により動員はよりいっそう強化された。

表

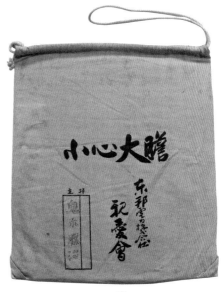
裏

参考 慰問袋

製作年不詳／日本／祝愛会／布製／兵士・庶民の戦争資料館

慰問袋とは，戦地にいる出征兵士やその家族，戦災者を精神的に支えるため，嗜好品や手紙などを入れて送る袋である。特に，手紙やお菓子，玩具などが送られていた。慰問袋を送る習慣は日露戦争中に始まり，その後新聞や広告を通して広まった。学校や地域の団体で送ったものが多く見られ，戦場に行かなかった学童や女学生，女性たちが関わっていたと考えられている。送付方法は，市町村の団体に直接預ける場合や，百貨店等での申し込み，新聞社に送るなど多岐にわたっていた。(山本)

福岡女学校の生徒による「ゐもん帖」

　日中戦争がはじまり戦時体制に移行していく中で，福岡女学校（現福岡女学院）の生徒は，出征軍人家族や戦死者家族への慰問，陸軍病院の傷病兵見舞いなどの活動に参加することが求められていた。キリスト教主義学校の欧米文化受容に対して一層弾圧が厳しくなる中，福岡女学院は学校存続のため軍の行事にも参加協力していた。

　福岡女学院からは，基督教教育同盟会西南地区学生女子青年会が中心となって，慰問袋が送られている。福岡女学院の生徒8名が1943（昭和18）年に作成した「ゐもん帖」は，戦死した日本兵の持ち物であり，それを拾得後にフィリピンで戦死したアメリカ兵を経て，その家族によって2016（平成28）年に73年ぶりに日本に届けられた。この「ゐもん帖」には，色鉛筆や水彩，貼り絵，飛び出す仕組みといったさまざまな工夫や，兵士への気遣いの言葉などが見られる。

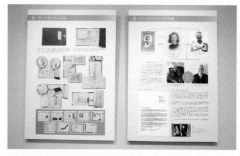

福岡女学院資料室「ゐもん帖」展示風景
（2023年4月 福岡女学院資料室撮影・提供）

I-5.『若樹』復刊第1号

1947（昭和22）年／福岡／福岡女学校校友会／紙に印刷
福岡女学院資料室

1934（昭和9）年から福岡女学校女子青年会が発行していた会誌『若樹』の復刊第1号。戦時中，1941（昭和16）年に女子青年会が解消され，発行も中断されていたが，戦後の1947（昭和22）年の講堂落成を記念して，クリスマス祝会がおこなわれた12月23日に復刊された。本誌には教師や生徒の作文が多数掲載されている。（山本）

福岡大空襲と福岡女学院

　1945（昭和20）年6月19日深夜から20日未明にかけて，福岡市の大部分がアメリカ軍による空襲を受けた。この空襲によって福岡女学院は講堂や本館などその校舎の大半を焼失し，宣教師館，旧雨天体操場，体育館，家政館，寄宿舎北棟や食堂が焼け残った。また，人的被害も出ており，生徒1名，卒業生1名とその家族が亡くなった。福岡大空襲は福岡に大打撃を与えた出来事であり，校舎の焼失や戦争への思いを綴った生徒たちによる作文が，戦後復刊した『若樹』に多数寄稿されている。

福岡大空襲の証言

　宿直していた平池次郎教師
「当時宿直員の第一任務は身を以て御真影を奉護するにあった。」
「校舎は終夜燃え続けた。屯営の軍隊も手の施し様がなく，燃えるに任せていた。」
（福岡女学校校友会編『若樹』復刊第1号，福岡女学校校友会，1947年より引用）

　徳永ヨシ校長
「私は焦土と化した校庭にじっとひとり立ち尽くしました」
「まだくすぶり続けている焼け跡を一巡しました」
「のびのびした気持ちで体をきたえ，心をみがき，食料の増産に励もう…とそう決心したのでございます」
（福岡女学院75年史編集委員会編『福岡女学院75年史』学校法人福岡女学院，1961年より引用）

I-P8. 青空礼拝

1945（昭和20）年／福岡女学院資料室

福岡大空襲による校舎焼失後も残った建物は軍隊が使用
していたため，1945（昭和20）年6月24日に生徒は玄
関前の植込み付近で朝の礼拝をおこなった。焼け跡でお

こなわれたこの礼拝はのちに「青空礼拝」とよばれるよ
うになった。聖書や讃美歌集を焼失した生徒たちも多く，
彼女たちは暗唱・朗読をおこなった。（山本）

青空礼拝の証言

■ 生徒
「そのころ，私たちが学校でなしうることは，礼拝だけであった。礼拝だけが
私どもの学校生活の全部といってもよいくらいであったのです……」

（福岡女学校校友会編『若樹』復刊第1号，福岡女学校校友会，1947年より引用）

■ 本田正一牧師
「最初の礼拝を炎天の中で営んだ」

「『みもとともにすすめ，死もなやみもおそれず，ただ，みわざをはげみて，
ゆけやゆけ……』は当時よく歌った讃美歌であった」

（福岡女学院百年史編集委員会編『福岡女学院百年史』学校法人福岡女学院，1987年より引用）

I-P9. 戦後初めての「クリスマス会」

1945（昭和20）年／福岡女学院資料室

終戦後の 1945（昭和20）年12月には戦後初のクリスマス祝会が実施された。灯火管制用に使った黒布や黒塗りの新聞紙等で体育館の窓を覆い，ろうそくを集めてキャンドルサービスがおこなわれた。ほかにも，生徒たちは讃美歌を歌うなどして戦後初のクリスマスを祝った。

（山本）

福岡女学院資料室

　福岡県における女性教育の先駆けとして，福岡女学院は創立から現代に至るまで，多くの女性たちに教育を提供してきた。138周年を迎えた現在，福岡女学院敷地内の125周年記念館 6 階には福岡女学院資料室が置かれている。資料室では，創立から欧米文化を受容した戦前や戦時下の苦難，そして戦後の復興を経て現代の女子生徒の学生生活に至るまで，福岡女学院の歴史について多岐にわたる資料が展示されている（福岡女学院資料室の詳細については64頁解説を参照）。

　下の写真は福岡女学院資料室入口付近のベンチに飾られている，福岡女学院の制服を着た人形である。この人形は卒業生によって製作されたもので，資料室を訪れる人々に癒しを与える存在となっている。福岡女学院の制服は制定当時からその形を変えることなく，大切に受け継がれてきた。そのため，この

ようにシンボルとしても度々取り上げられており，在校生だけでなく卒業生の方々にとっても思い出深いものであることがうかがえる。

　このように，福岡女学院資料室に収められた資料や記録，展示品は，卒業生や在校生など多くの方々の協力によって収集・展示されている。訪れる人々にとって，福岡女学院資料室は学生時代の思い出を想起させる場所であり，歴史と伝統を伝えていくための学びの場となっている。

戦時下の福岡女学院　関連年表

西暦	和暦	福岡女学院の出来事
1885	明治18	●アメリカから来た宣教師ジェニー・ギールにより，福岡呉服町（現福岡市中央区大名）に「英和女学校」が創立。●福岡因幡町（現福岡市中央区天神）に校舎移転。
1888	21	●福岡天神町（現福岡市中央区天神）に西洋様式の校舎を建築。
1900	33	●切付細工など生徒作品を輸出しオルガン購入。
1901	34	●全校生徒袴着用。
1907	40	●「英和」の文字が入った襟止めを使用。
1912	大正元	●「福岡英和女学校」に改称。
1914	3	●袴を紫色に統一。
1915	4	●創立30周年記念式。●初めての校章制定。
1916	5	●創立記念日にメイクイーン，メイポールダンスを始める。
1917	6	●「私立福岡女学校」に改称。
1919	8	●「福岡女学校」に改称。●新校舎を薬院（現福岡市中央区薬院）に建築。
1921	10	●制服（セーラー服）・制帽を制定。
1922	11	●授業でウォーキングを開始。
1925	14	●第1回三校競技開催（西南女学院，下関梅光女学院〔現梅光女学院〕，福岡女学校〔現福岡女学院〕）。
1928	昭和3	●リー記念講堂落成。●福岡女学校基督教女子青年会が発足。
1932	7	●徳永ヨシ第11代校長就任。
1934	9	●『若樹』創刊。●国旗掲揚台設置。
1937	12	●アメリカからヘレン・ケラーが来校。
1938	13	●鍛錬行事の強化。
1939	14	●体育館落成。●勤労動員拡大。
1940	15	●政局不安のためジャネット・マケルビー宣教師が帰米。●皇居遥拝，神社参拝，招魂祭，陸海軍記念行事への参加。●皇紀2600年を祝し，創立55周年記念行事。
1941	16	●奉安殿設置。●ローラ・チェイス宣教師が最後に帰米。●文部省の「学校報国団」編成の訓令。●福岡女学校報国団結成。●現在の校章制定。●米国からの援助金断絶。
1942	17	●御真影奉戴。●財団法人の認可を受ける。●増築校舎落成。●メイクイーン，メイポールダンスの行事中止。●校旗制定。
1943	18	●学校職員の錬成会始まる。●生徒勤労動員開始。●運動場の開墾，農地化。●5年生が最初の挺身隊として軍需工場に動員される。
1944	19	●学徒動員が強化され，3年生以上が軍需工場に動員される。
1945	20	●靖第一九五〇〇部隊（別称靖部隊または第六航軍無線傍受隊）が校舎の大部分を徴用。●福岡大空襲により，校舎の大部分を焼失。●青空礼拝がおこなわれる。●2年生以上が全員動員される。

【参考文献】
福岡女学院百年史編集委員会編『福岡女学院百年史』学校法人福岡女学院，1987年
福岡女学院105年史編集委員会編『福岡女学院105年史』学校法人福岡女学院，1992年
福岡女学院資料室編『福岡女学院135年史』学校法人福岡女学院，2022年

コラム 戦時下のキリスト教主義学校と女性教育

西南学院大学博物館学芸調査員 相江なぎさ

日本の庶民に対する学校教育の始まりは，江戸時代に作られた寺子屋であった。寺子屋では男女ともに学んでいたとされているが，女性は家庭生活での技能を重視されていたことから，寺子屋で学ぶ人数は少なかったようである。明治時代に入ると，政府は欧米列強へ追いつくために教育を推進する姿勢をとり，多くの学校の制定をはじめた。明治政府は教育に関して平等原則をうたい，女子教育の向上にも力を入れていたが，女性の地位向上を目指すための教育ではなかった。

日本でキリスト教女子教育を先駆けた人物が，婦人宣教師のM.E.キダー（Mary Eddy Kidder, 1834-1910）であった。キダーは1870（明治3）年に横浜で女子教育のためのキダー塾を開き，その後現在のフェリス女学院となるフェリス女学校を開設した。それから続々と日本各地に女子教育のためのキリスト教主義学校が設立されていった。これらの学校はキリスト教を通して女性の人格や地位の向上を目指していた。加えて，女性の持つ能力を啓発することによって，家庭生活や社会生活へ貢献することのできる力を養成した。

戦時下の日本では反キリスト教的空気が漂っていた。キリスト教は1587（天正15）年に豊臣秀吉によって伴天連追放令が発布されて以来，長い禁教の期間に入った。1873（明治6）年に明治政府によってキリシタン禁制の高札が撤去され，布教を許された後も，人々の間では在来宗教と同様には捉えられない雰囲気があった。このような前時代から続く人々の認識に加え，戦時下の厳しい経済状況や国民生活の中での，キリスト教主義学校に対する風当たりの強さは想像するに容易であろう。

1941（昭和16）年8月に国家総動員法が制定された後，学徒勤労動員などの政策が進められていった。数々の労働統制法は，はじめは男子に限ったものであったが，1943（昭和18）年9月以降には女子勤労動員が進められていった。なかでも「女子挺身隊」と呼ばれる軍需産業勤労動員組織には，25歳未満の女性が入隊させられていた。

福岡における女性教育のための最初のキリスト教主義学校は現在の福岡女学院であった。福岡女学院も例外なく，戦時下でのキリスト教主義学校として世間の逆風にあおられることに加え，この時代ではまだ困難な事柄が多くあった女性教育の場としてさまざまな壁にぶつかり，学校として存続するために多くの制限を受けた。学科課程や授業項目が改定され，日本精神の強化に重きが置かれるようになった。女学校でも軍事教練的な訓練指導や防空演習がおこなわれた。

戦時下の福岡女学院は，戦時下での経済的な苦境，キリスト教に対する圧迫，女性の地位向上を目指すための教育の難しさという三つの大きな困難の中で学校存続のために奮闘した。存続の危機に見舞われても，キリスト教に基づいた女性の地位向上を目指す教育の心を忘れることなく，時代に合わせた対応で苦境の時代を生き抜いた。このような大きな苦境の時代を乗り越えたからこそ，女性教育の一つの貴重な場として今日もあり続けている。

【主要参考文献】
江口圭一『十五年戦争小史 新版』青木書店，1991年
鈴木範久『日本キリスト教史：年表で読む』教文館，2017年
福岡女学院百年史編集委員会『福岡女学院百年史』学校法人福岡女学院，1987年

「防火訓練」（戦時中，撮影年不詳）／福岡女学院資料室蔵

第2章
西南女学院
十字架と桜

Seinan Jo Gakuin: Cross and Cherry Blossom

　1906（明治39）年，アメリカの南部バプテスト連盟より C. K. ドージャー，G. W. ボールデン，そして J. H. ロウの3人が日本へ派遣された。彼らは皆，外国人宣教師として日本の教育に尽力し，多くの教育的遺産を遺したが，宣教師ロウ（John Hansford Rowe, 1876-1929）が遺したなかでも最大のものは，1922（大正11）年4月に小倉の地で開学した西南女学院であった。

　96人の第一回生と共に始まった西南女学院の教育は，「キリスト者としての人格形成」に重点を置きつつ，欧米文化を幅広く取り入れ，女学生たちの心に鮮やかな思い出として刻まれるものであった。校舎増築のための資金繰りやロウの召天といった困難を経つつも順調に拡大していった西南女学院であったが，1930年代以降，戦時下の空気のなかで厳しい視線に晒されるようになっていく。充実の時代は終わり，苦闘と危機の時代が待ち受けていた。

　In 1906, three missionaries, C. K. Dozier, G. W. Bouldin, and J. H. Rowe, were sent by the Southern Baptist Convention in the United States. All of them contributed to education in Japan and realized many accomplishments. One of the greatest achievements brought by J. H. Rowe (1876-1929) is Seinan Jo Gakuin, founded in Kokura in April 1922.

　Seinan Jo Gakuin started with 96 students emphasizing "personality building as a Christian." It adopted the Western culture broadly, so it was impressed as a vivid memory in the mind of the students. Despite the experiences of difficulty in funding and the founder's death, Seinan Jo Gakuin developed steadily until before wartime. However, after the 1930s, Seinan Jo Gakuin came to be exposed to harsh eyes, and after the period of fulfillment, struggle and crisis periods awaited this school.

The Changing Life and Education

変わりゆく生活と教育

キリスト教をはじめとする欧米の文化に根ざした西南女学院の教育は，欧風文化の先端をいくものであった。しかし戦争の激化に伴って，物資輸送の要の地であり防衛上重要な北九州市小倉地区の高台に校舎を構えていた西南女学院への風当たりは強くなり，やがてその教育までもが敵視の対象となっていった。

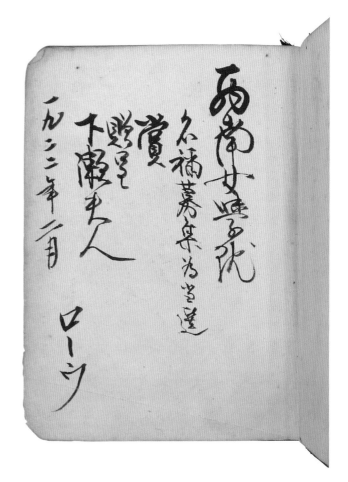

II-1. 校名募集当選の聖書

1920（大正9）年／神戸／大英国聖書会社・北英国聖書会社／冊子（2冊）／西南女学院

「名称募集為当選賞贈呈」として西南女学院創設者 J. H. ロウから校名募集の応募者へ贈られた聖書。2冊の現存が確認されており，どちらも見返しに署名がある。本資料は，応募された名称のなかから「西南女学院」という校名が選ばれた事実を示唆するものである。（下園）

部分拡大図（胸元の校章）
SWAを組み合わせた創立当初の校章。
このアルファベットを使用した意匠は
1941（昭和16）年まで採用されていた。

II-2. 冬制服

［制服］年代不詳，［ネクタイ］1944（昭和19）年以前／福岡／友田洋服店／［制服］布製，［ネクタイ］絹製／西南女学院

西南女学院の制服は，創立当初の1922（大正11）年より，小倉京町に所在する「友田洋服店」で作られていた。制服のデザインは当時の店主友田正人と宣教師が相談しながら作ったと考えられている。濃紺のセーラー服に結ばれたシルク製のネクタイは蘇芳色であり，胸元には校章の「SWA」が同じ蘇芳色で刺繍されている。本制服が仕立てられた年は不明であるが，SWAの校章が使用されていることから1941（昭和16）年以前もしくは戦後のものと推測される。（下園）

II-3. 制帽

1931〜36（昭和6〜11）年頃／福岡／友田洋服店
布製／西南女学院

冬制服と同じ濃紺色の制帽もまた，友田洋服店によって作られていた。縁の部分には蘇芳色の3本のラインが走っており，ネクタイと共に濃紺の制服を鮮やかに彩っている。

（下園）

II-P1. 西南女学院の女学生たち

1929（昭和4）年／西南女学院

II-4 に収録された修学旅行写真「朝鮮総督府」

II-4 に収録された修学旅行写真「朝鮮神宮」

（左）*II-4.*

西南女学院卒業記念アルバム

1930（昭和5）年／福岡／西南女学院／冊子
西南女学院

（右）*II-5.* 朝鮮見学旅行の栞

1936（昭和11）年／福岡
小倉市下到津西南女学院朝鮮旅行案内係／小冊子
西南女学院

明治時代よりおこなわれていた修学旅行は，当時日本の植民地であった満洲や朝鮮も訪問先とされることがあった。西南女学院においても朝鮮への修学旅行が定番化しており，戦前に実施された修学旅行の写真やしおりが学院に遺されている。植民地への修学旅行にはこれらの地を日本の領土として教え込む国家的な意図があったが，各学校に独自の狙いもあったようであり，西南女学院では京城（ソウル）のミッションスクールである梨花女子専門学校との交流がおこなわれていたことがしおりのプログラムなどからわかる。（下園・山本）

II-6. 西南女学院校章 (戦時下)

1941 (昭和16) 年／福岡／西南女学院／布製／西南女学院

創立当初，西南女学院は校名の頭文字である「SWA」
(SOUTHWESTERN ACADEMY) を組み合わせた校章
を使用していた。しかし日本において英語が敵性語と見
做されるようになった後，県当局からの要請を受けて，
1941 (昭和16) 年5月3日の会議で制服・校章の改定が
決定された。そして次の校章として選ばれたのが，この
「十字架」と「桜」をモチーフにしたデザインであった。
（下園）

II-7. 西南女学院校章 (夏服用・国民服用)

1944 (昭和19) 年／福岡／西南女学院／布製／西南女学院

この二つの校章は，1941 (昭和16) 年以降に採用された十
字架と桜の意匠のヴァリエーションである。左の校章は夏
服用，右の校章は国民服用である。国民服（19頁参照）と
して女学生にはヘチマカラー（糸瓜に似た形の襟）やモン
ペが指定されていたが，或る卒業生の証言によると，国民
服指定後も西南女学院の制服を着用することは許されてい
たという。（下園）

II-8. 西南女学院校章 (戦後)

1946 (昭和21) 年／福岡／西南女学院／布製／西南女学院

1944 (昭和19) 年より校地を追われ校外での分散授業
を余儀なくされていた西南女学院は，終戦後の1946 (昭
和21) 年，「西南女学院専門学校」として再出発すること
になった。本校章はその際に採用されたものである。ア
ルファベットの使用が解禁となったため，創立当初の
「SWA」の意匠に戻されている。（下園）

II-P2. 桜の中の十字架

1942（昭和17）年以降か／西南女学院

1920年代後半から30年代前半にかけての西南
女学院は，財政難などの問題はあったものの，
発展の時代であった。実際，1930（昭和5）年
度から1937（昭和12）年度にかけて生徒数は
371人から619人にまで増加している。しかし
1937（昭和12）年より西南女学院は「苦闘と
危機の時代」に入り，教育や行事の内容，施設
の使用，服装などに県や軍から干渉を受けるよ
うになっていった。（下囲）

十字架と桜の校章についての或る学生の回想

　校章SWAが変ったのは1942年だっただろうか，しかしその少し前に，十字架の中に桜の校章とな
り，白衿制服の私たちは，袖にそれをつけていた。そして再度変ったのであったが，その時生徒間で
は「十字架の中に桜でなければいけないと命令がでて，桜の中に十字架と変ったそうよ。」と囁かれて
いた。現在この真偽はわからない。どこからか，校章にまで強い命令がでたのだろう。しかし，ひょ
っとして，西南女学院自体の自主規制であったかもしれない。あの時代，生徒である私たちからみて
も，少数ではあったが，あまりにも国の働きに乗った，いわば国粋主義者としか思えない先生がおら
れたことは，残念ながら事実であった。小学校時代，いやという程きびしくされていた神社や奉安殿
参拝から，解放されたと思ったとたん，これらの先生の指導で徐々にではあったが，国粋主義の色彩
が西南にも入ってきたことを思い出す。あの大戦中，狂気としか今日では言いようのないことに，西
南女学院も手をかさざるをえなくなっていった事実を忘れない。これが戦争であることを忘れない。

学校法人西南女学院編『西南女学院六十年の歩み』（学校法人西南女学院，1982年）所収
「十字架の中に桜」（高女19回生　石松須美子）より抜粋

①

②

③

① *II-P3.* **なぎなたの教練**
1941(昭和16)年／西南女学院

② *II-P4.* **防空演習**
1942(昭和17)年／西南女学院

③ *II-P5.* **学徒動員 女子挺身隊**
1945(昭和20)年／西南女学院

④ *II-P6.*
戦時下のグランドマーチ
1941(昭和16)年以降／西南女学院

戦時体制への移行は，西南女学院の学校生活も一変させた。他の女学校と同様，西南女学院の授業にも「なぎなたの教練」（II-P3）や「防空演習」（II-P4）などが組み込まれるようになり，「女子挺身隊」（II-P5，20頁参照）への学徒動員もおこなわれるようになった。II-P6 は戦時体制下で実施されたグランドマーチの様子であるが，女学生が形作るマークは新校章の意匠である桜となっている。（下園）

④

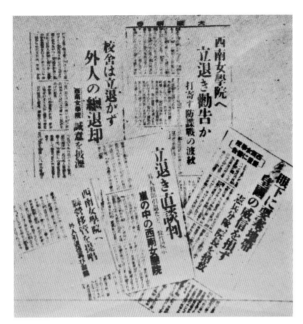

II-P7.

記事「立ち退き勧告・外国人の総退却等」

[元記事] 1940（昭和15）年／西南女学院

II-P8.

記事「愛国同志会・西南女学院排撃運動」

[元記事] 1940（昭和15）年／西南女学院

外国人宣教師によって建てられ，外国人教師たちによって欧米の文化・宗教の教育がおこなわれていた西南女学院は，戦時体制下には地域社会からの攻撃や排斥の対象となった。II-P7 および II-P8 は，民間人による団体「愛

国同志会」による排撃運動や校舎の立ち退き勧告を受けた際の記事である。これらの記事は，社会一般からの理解を得るのが困難であった時代の苦難を示す資料である。

（下図）

危機の時代を支えた院長・原松太

　苦闘と危機の時代において，院長として辛抱強く西南女学院を支えたのは原松太という人物である。西南女学院設立時よりその教育と運営に関わり，1935（昭和10）年より院長に就任していた原は，戦時下には軍や県との折衝に努め，西南女学院の意義を人々に理解してもらおうとした。しかし，この時期に原が世間から投げかけられた言葉は，あまりにもひどいものであった。終戦後に催された入学式の式辞において原は「基督教を棄てよ，山上から退去せよ，米国との関係を断絶せよ，貴様はスパイだ。賊だ。自殺せよ。せぬなら殺すぞ」と脅された当時の体験を語っている。

　原は最後まで西南女学院の校地と教育を守り通そうと尽力したが，1944（昭和19）年３月，西南女学院は軍当局および県から全施設の接収を言い渡された。そうして同年６月，原たちは西南女学院の校地があった丘（シオン山）を下山し，小倉中学校明陵学館・小倉高等女学校体育館・明恩寺・運輸通信省小倉事務所の４カ所に分散して授業をおこなうこととなった。原たちが再びシオン山に戻ってきたのは終戦後のことである。

下山時に撮影された
原松太・順子夫妻

(上) *II-P9.* **兵士と女生徒の作業風景**

1942（昭和17）年／西南女学院

(下) *II-P10.* **駐屯兵との総合運動会**

1941（昭和16）年／西南女学院

戦時体制下では，西南女学院と兵士たちの関係も密接なものになっていった。ロウ記念講堂の徴用などの苦々しい出来事はあったものの，西南女学院と軍の関係は必ずしも険悪なものではなかったようである。たとえば，或る卒業生は，西南女学院に自校の制服と国民服の制服の2種類が存在することを知った将校が，「赤いネクタイ（自校の制服）の方が可い」と生徒たちに聞こえるように語っていたことを愉快な思い出として綴っている。II-P10は，1941（昭和16）年以降，明治節の11月3日に軍と共に開催された総合運動会の写真であり，この運動会も「終始和やかな雰囲気」でおこなわれたと言われている。（下圖）

表紙　　　　　　　　　　　　　　内

II-9.『生徒心得 西南女学院』

1935(昭和10)年／福岡／西南女学院／小冊子
西南女学院

『生徒心得 西南女学院』は，制服規定や礼
儀作法，生徒自治会要領や学年暦といった，
学生生活に必要な情報が簡潔にまとめられ
た西南女学院生用の生徒手帳である。最初
の項には，「西南女学院生徒の二大精神」と
して，「第一　西南女学院生徒は常に感恩
の情に満たさるべし」，「第二　西南女学院
生徒は常に奉仕の情に満たされざるべから
ず」という建学の精神「感恩奉仕」の心得
が記されている。(下圏)

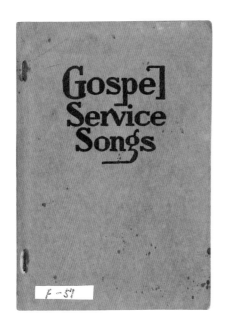

(左) II-10. Gospel Service Songs

1938年／インディアナ／The Rodeheaver ／書冊／西南女学院

(右) II-11.『聖書教科書 イエス伝』

1939(昭和14)年／東京／基督教教育同盟会編，三省堂／書冊／西南女学院

キリスト教主義教育を標榜する西南女学院では，設立当
初より英語教育やキリスト教教育が盛んにおこなわれて
いた。西南女学院における英語教育の水準の高さは，
1934 (昭和9)年に英語大会で3年連続1等に入賞した
ことを記念して大阪毎日新聞社より賞牌を授与されたエ
ピソードなどによって示されている。しかし戦時下では，
英語のテキストは時局を反映したものとなり，聖書科の
授業は正課から外すように県当局から要請があったとい
う。(下圏)

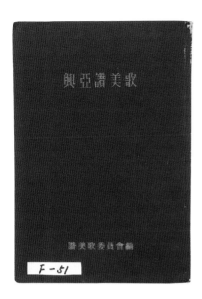

II-12.『興亜讃美歌』

<ruby>興<rt>こう</rt>亜<rt>あ</rt></ruby>

1943（昭和18）年／東京／日本基督教団讃美歌委員会編、警醒社
書冊／西南女学院

『興亜讃美歌』は、アジア・太平洋戦争が激化するなかで
日本基督教団讃美歌委員会より出版された、大衆の戦意
高揚を企図した讃美歌の集成である。『興亜讃美歌』が
西南女学院の教科書に指定されていたという事実は、讃
美歌教育という伝統的なキリスト教教育が戦時下におい
ても継続されていたこと、しかしながらその教育の内容
と目的が変容してしまっていたことを示唆している。

（下薗）

興亜讃美歌の成立背景

　1943（昭和18）年に日本基督教団讃美歌委員会より出版された『興亜讃美歌』は、過剰なまでに軍国
主義に即応した内容となっており、当時の日本のキリスト教界が軍国主義に染まりきっていたかのよう
な印象を与える。しかし事はそう単純ではないようである。秋岡陽の研究（「旧讃美歌委員会の解散と『興
亜讃美歌』の誕生」『フェリス女学院大学キリスト教研究所紀要』第2巻2号、2017年）によれば、この讃美歌は、
解消直前の混乱期にある旧讃美歌委員会のもと、時局に即応せんとする日本基督教団の方針に沿って短
時間で完成された歌集であった。したがって、充分に内容が検討されていたわけではなく、一部の拙速
な人々の手により生み出された「迷い子」だったのである。それゆえ、普遍性を欠いたこの讃美歌が戦
後の信徒たちに歌い継がれることはなく、その刊行も戦後すぐに途絶えてしまった。

第2節 ロウ記念講堂

　西南女学院創立者 J. H. ロウを記念して 1935（昭和10）年に竣工したロウ記念講堂は，屋上から小倉の要塞地帯（下関要塞）を一望できるゆえに，憲兵から「国防上極めて好ましくない建物」と見做されていた。1937（昭和12）年，1941（昭和16）年，1944（昭和19）年の３度にわたり防空司令部に接収されたのち，ロウ記念講堂が西南女学院の人々のもとへ還ってきたのは戦後のことであった。

（上）*II–P11.* **竣工したロウ記念講堂**
1935（昭和10）年／西南女学院

（下）*II–P12.* **最初の航空写真**
1952（昭和27）年頃／西南女学院

II–P11 は 1935（昭和10）年竣工当時のロウ記念講堂を写したものである。接収後とは違い，この時はまだ美しい白壁の建物であった。II–P12 は戦後に撮影された西南女学院最初の航空写真であり，ロウ記念講堂が見晴らしの良い丘の上に建てられていることがわかる。この見晴らしの良さゆえに，献堂後すぐに軍から使用の制限について要請があり，屋上での撮影禁止などの約束が交わされることとなった。（下園）

（上）*II-P13.* **迷彩色のロウ記念講堂 1**
1937（昭和12）年／西南女学院

（下）*II-P14.* **迷彩色のロウ記念講堂 2**
1937（昭和12）年／西南女学院

II-P13 と II-P14 は共に，1937（昭和12）年に北九州防空司令部として徴用された後のロウ記念講堂の前で撮影された，軍人・学院関係者・女学生の集合写真である。この当時のロウ記念講堂は，軍の方針により，敵航空機から見つかりにくくするために迷彩色に塗られている。徴用されたロウ記念講堂はのちに学院へ返還されたが，1941（昭和16）年に再び徴用され，さらに 1944（昭和19）年には全校地が徴用されることとなった。（下圖）

参考 後藤禎三画 西南女学院ロウ講堂屋上からみた小倉の風景

1941 (昭和16) 年／福岡／後藤禎三／油彩画／北九州市立自然史・歴史博物館

2007 (平成19) 年，ロウ記念講堂の地下倉庫より，戦時中の部隊が残していったと思われる遺物が多数発見された。この発見を機に校内の関連資料を改めて調査したところ，戦時体制下の小倉を描いた油彩のパノラマ風景画が学院に保管されていたことがわかった。裏面の署名から，この油彩画を描いたのは，防空隊で観測兵を務めており記録画を描く任務も負っていた後藤禎三（1918-2003）と

思われる。戦時中の北九州には小倉陸軍造兵廠など軍の重要施設が集中していたため，国防上，高台からのスケッチや撮影が禁止されていた。そのため，このような当時の北九州の街並みをうかがえる絵画は貴重な史料である。本資料は，再発見後に北九州市立自然史・歴史博物館へ寄贈された。（下園）

II-13. ロウ記念講堂改修記念手鏡

2016 (平成28) 年／福岡／西南女学院／木製，ガラス製
西南女学院

戦後になって西南女学院のもとへ返還されたロウ記念講堂は，現在に至るまで中学・高校の校舎として使用され続けている。2015 (平成27) 年8月の台風で一時甚大な被害を受けるも，1年かけて改修工事がおこなわれ，翌年11月に完成式が開かれた。本資料は，その時の改修記念として制作・配付されたものである。（下園）

ロウ記念講堂がもつ価値の重層性

　ロウ記念講堂という建築物の価値は，一つの視点からのみ測ることはできない。少なくとも三つの視点から考える必要がある。第一に，伝道建築家 W. M. ヴォーリズ（William Merrell Vories, 1880-1964）の設計した「ヴォーリズ建築」であるという文化財的価値がある。第二に，戦時下の日本の歩みを伝える歴史的価値がある。そして第三に，現在も西南女学院の学生・教職員によって使用され続けている生活空間としての価値がある。これら三つの価値の間に優劣はなく，互いに重なり合い，一体となって，ロウ記念講堂の価値を形成している。したがって，現在を生きる我々は，この重層性を認識し，それぞれの価値に意義があることを認めながら，この建築物を後世に継承していくべきであろう。

戦時下の西南女学院　関連年表

西暦	和暦	西南女学院の出来事
1922	大正11	●３月９日，県知事の認可を受け，福岡県企救郡板櫃村到津に「西南女学院」設立。●C. H. ロウ初代院長に，原松太初代主事にそれぞれ就任。●SWAの校章，校歌（原松太作詞，E. E. ペーカー編曲）制定。
1923	12	●板櫃村，町制を施行し，西南女学院の所在地が企救郡板櫃町到津となる。
1925	14	●小倉市と板櫃町の合併により，西南女学院の所在地名が小倉市到津となる。
1929	昭和4	●８月12日，西南女学院創立者 J. H. ロウ，御殿場にて急逝。
1933	8	●５月31日，西南学院創立者 C. K. ドージャー召天，西南女学院構内墓地へ埋葬。
1934	9	●原松太，第５代院長に就任。C. E. ランカスター，副院長就任。
1935	10	●ロウ記念講堂竣工。献堂式挙行。
1937	12	●原松太院長，夫人と共に４月より６カ月間渡米。●ロウ記念講堂並びに第二寄宿舎が北九州防空司令部に徴用される。
1938	13	●臨時理事会で時局下女学院の経営に関する大方針が樹立される。
1940	15	●定期理事会で紀元2600年記念事業が計画される。●官憲および愛国同志会等から立ち退き勧告を受ける。●西南女学院撲滅運動が起こる。C. E. ランカスター，シェル，グレーブス辞表提出，西南女学院を引き揚げる。
1941	16	●御真影，西南女学院に下附される。御真影奉戴式を挙行。●ロウ記念講堂，第二寄宿舎，運動場の一部が西日本防空司令部として再度徴用される。●軍と明治節を祝うため，連合運動会を開催。故ロウ院長記念伝道集会も開く。●県当局から聖書の正課除外と校章改定の要求が出される。●奉安殿の基礎工事着手。体育時間になぎなた練習，担架練習，バケツ注水操作等の防空訓練を実施。
1942	17	●防空司令部視察のため東久邇宮殿下が来校。●宣教師館２棟，無償寄附を受ける（宣教師社団より）。●キリスト教社会運動家の賀川豊彦，来校。講演をおこなう（「山上の垂訓」）。●西南防衛団が組織される。●８月27日，台風来襲のため校舎が大被害を受ける。同窓会が母校復興の資金を募集。●創立20周年記念式挙行不能となり，代わりに同窓会記念総会，記念生徒作品展覧会（小倉玉屋）を開催。
1943	18	●決戦体制下，文部省によって画期的学生改革実施。就業年限４カ年となり１週35時間，西南女学院において新しく工作，武道，教練等の教科が加わる。
1944	19	●県および軍当局から西南女学院全施設徴用の相談を受ける。●西南女学院の存亡をかけた父兄総会で父兄の一人が切々と訴えた言葉が女学院存続の原動力となる。●全女学院校地，校舎を軍の命令により明け渡す。明恩寺，小倉高女体育館，小倉中学校明陵学館，運輸通信省小倉事務所にて分散授業続行。●８月19日，B29が女学院生徒久津間雅子宅に落下。母子ともに焼死。追悼式挙行。●御真影護衛のため西南女学院西洋館の使用を許され，原院長がシオン山に帰山。
1945	20	●最後の地久節祝賀式を運輸通信省事務所（本部）等でおこなう。●原院長，新年度の教師招聘のためリュックを背負って上京。●第19回卒業式を小倉市公会堂で挙行。●８月15日，終戦。●９月，女学院の校地・校舎の返還に伴い，旧陸軍将校住宅５棟を買収。軍から無償譲渡を受けた建物２棟を福岡女学院の復興援助のため無償で提供。●９月８日，シオン山校舎に復帰（西南女学院600人の職員生徒全員で荒廃した校舎の復旧作業をおこなう）。

【参考文献】
西南女学院七十年史出版委員会編『西南女学院七十年史』学校法人西南女学院，1994年

コラム 「原松太伝」と「ランカスター伝」にみる
戦時下の西南女学院

西南学院大学博物館教員 下園 知弥

戦時下という苦難の時代を生き抜いた西南女学院の背後には，他の学院と同様に，学院を支えた多くの学校教職員の存在がある。戦時下に教職員が何を想い，学院を支え，その行く末を見守ったのか。そのすべてを知ることは今日の我々には不可能である。しかしながら，何人かの人物については，彼らの自叙伝を通して，当時の記憶の一端を垣間見ることができる。本コラムでは，戦時下の西南女学院を支えた二人の人物，すなわち院長の原松太（はらまつた）（1885–1959）と外国人宣教師のC. E. ランカスター（Cecile Elizabeth Lancaster, 1896–1986）の伝記より，当時の想い出を掘り起こしたい。

「原松太伝」に記された戦時下の記憶

設立当初より西南女学院の教育・運営に関わり，戦時下の1934（昭和9）年から戦後の1955（昭和30）年まで院長を務めた原松太は，西南女学院の代表として学院存続の道を切り開いた人物である。原の記録には，戦時下の出来事が苦々しい想い出として度々現れる（32頁参照）。したがって，苦々しい想い出が原松太にとっての「戦時体験」の大部分を占めていたことは，当時の西南女学院の立場に鑑みて間違いないだろう。

しかし原松太伝には，苦難の時代に対して共に抗った仲間たちへの想いも綴られている。その一つは，地元出身の政治家であり西南女学院PTA会員でもあった吉田敬太郎についてである。

原松太伝において，吉田敬太郎という人物は，神が遣わした人物として描写されている。というのも，先述のような西南女学院への危害と迫害が進む中，「彼は立ち上って学校の為にその暴動をおさえ防いで呉れた」からである。吉田に関する想い出は，原松太が戦時中について記した数少ないポジティブな記憶であり，戦時下の西南女学院が地域社会から全くの孤立無縁ではなかったことを示唆している。

「ランカスター伝」に記された戦時下の記憶

日本伝道を志して1920（大正9）年に来日した南部バプテスト連盟の宣教師C. E. ランカスターは，1922（大正11）年より西南女学院に教師として奉職し，戦時下の1935（昭和10）年からは副院長も務めた人物である。外国人宣教師であったランカスターは，戦時下を通して西南女学院に勤めることは許されず，1940（昭和15）年に同校を一時辞任している。この略歴からも明らかなように，ランカスターにとっても戦時下の日本での記憶は辛いものであったに違いなく，ランカスター伝においても当時の学校教育をめぐる不穏な空気が淡々と綴られている。

ところが，ランカスターの記録には，当時の軍部と西南女学院の意外な関係を浮き上がらせる文章も記されている。それは以下の記述である。

> 一九三七年には二つの校舎を提供するようにという通達が政府から届きました。北九州の要塞や弾薬工場を見下ろせる丘の上のロウ記念講堂と，寄宿舎のうちの一つが，軍隊の本部として必要なのだということでした。しかし，学校のすることに干渉はしない，と彼らは保証しました。そこで独身の女性教師たちは寄宿舎を開けて他の場所に移り，毎日の礼拝のためには別の場所を見つけました。一年ほどたって，軍の本部は他の市に移され，礼拝堂は再び私たちの手に戻りました。将校たちは約束を守り，一人の兵隊も問題を起こすようなことはありませんでした。そればかりか，建物の占拠中は政府から賃貸料が支払われました。

その後は再び苦々しい苦難の記憶が綴られているものの，この記述からは，当時の軍部が西南女学院に対して示した配慮の雰囲気が感じられる。おそらくランカスターは，この一筋の思い遣りについて記さないのは軍人たちにとってフェアではないと考え，この文章を綴ったのであろう。

原松太伝とランカスター伝が今日の私たちに伝える戦時下の記憶は，すべてが悲壮なものではなく，戦時下にあっても立場を超えた支援・配慮があったことを示唆している。負の記憶だけでなく，こういった事実もまた，戦時下の記録として後世には伝えていく必要があるだろう。

【主要参考文献】
塩川和雄編『西南女学院のためにその生涯を捧げられた原松太先生記念誌』西南女学院，1961年
C. E. ランカスター『幸いなる旅路：自伝と回想』西南女学院，1969年

第3章
西南学院
松の下の受難
Seinan Gakuin: Suffering Under the Pines

　1906（明治39）年にアメリカの南部バプテスト連盟より派遣され来日した外国人宣教師 C. K. ドージャー（Charles Kelsey Dozier, 1879-1933）は，1916（大正5）年，福岡市大名町に私立西南学院を設立した。キリスト教主義の男子中学校として104人の生徒と共に開校した西南学院は，1918（大正7）年に西新町へと移転し，松に囲まれた校地で目覚ましい発展を遂げていった。西南学院での教育は，福岡女学院や西南女学院と同じくキリスト教の精神に基づくものであり，欧米文化も積極的に受容されていた。

　しかし戦争が近づくにつれて，西南学院には陸軍将校が配属され，男子学生たちに軍事教練などを課すようになっていく。時勢に合わせて，キリスト教主義を掲げる西南学院においても天皇を第一とした国家主義体制への参加が求められるようになり，西南学院はその要請に応えるという道を余儀なくされ，進んでしまった。

Charles Kelsey Dozier (1879-1933), a missionary from the Southern Baptist Convention in the United States in 1906, established the private school Seinan Gakuin in Daimyo-cho in Fukuoka Prefecture in 1916. This Christian middle school for boys started with 104 students and continued to develop rapidly on the campus surrounded by pine trees after moving to Nishijin-cho in 1918. The education of this school was based on the spirit of Christianity, like Fukuoka Jo Gakuin and Seinan Jo Gakuin, and it actively accepted Western culture.

However, as the war approached, a military officer stayed in Seinan Gakuin, and the students were required to undergo military training. Going with the tide, Seinan Gakuin espoused the Christian principle that demanded to participate in nationalism with the emperor's supremacy, and this school chose to respond to that demand.

第1節

Memory of Their Youth

青春の思い出

アメリカから来た宣教師によって設立された西南学院では，早くから欧米文化が授業や生徒の学校生活に取り入れられた。また，当時の西南学院の特色として生徒の自主性を認める自由な校風があり，さまざまなクラブ活動や，同じ志を持つ学生たちが自主的に集まってできた学生組織なども存在していた。しかし1930年代以降，軍国主義の波は西南学院にも徐々に迫りつつあった。

(左) III-1. 旧制西南学院中学部校章（戦前）

1923（大正12）～1942（昭和17）年／福岡／西南学院／金属製／西南学院史資料センター

(右) III-2. 旧制西南学院商業学校校章（戦前）

1939（昭和14）～1942（昭和17）年／福岡／西南学院／金属製／西南学院史資料センター

現在も使用されている西南学院の校章は，西南女学院と同じく，SouthWestern Academy の頭文字「SWA」を組み合わせたものである。創立15周年記念式典時に学院の創立者C.K.ドージャーが書いた原稿には「学校の校章となるモノグラムのひな形を描きました」と記載されており，彼が校章の考案者だと考えられている。商業学校の校章には「SWA」の中央に「商」の文字が付属している。(山本)

III-3.

『西南学院一覧』1921（大正10）年版

1921（大正10）年／福岡／西南学院／書冊／西南学院史資料センター

『西南学院一覧』には，西南学院の基本理念から教職員の名簿，学生生活の心得や規則に至るまで詳細に記されている。本資料の1頁目にある「西南学院総則」には，「第一条　本学院ハ，キリスト教主義ニヨリ人格ノ完成ヲ旨トシ」と記載されており，キリスト教主義学校としての西南学院の特徴がうかがえる。また，時局に合わせてその内容も変化しており，1931（昭和6）年の『西南学院一覧』には，配属された陸軍将校の氏名が記載されている。(山本)

Ⅲ-4.『ゲツセマネ会報』第1号

1936（昭和11）年／福岡／ゲッセマネ会／小冊子
西南学院史資料センター

本資料は，キリスト教研究をおこなうために1917
（大正6）年に立ち上げられた学生サークル「ゲッセ
マネ会」会報の創刊号である。編集後記には「之は
文芸雑誌でも娯楽雑誌でもなく只神を信ずる若い
人々の信仰告白集であります」と本誌の趣旨が記さ
れている。ゲッセマネ会は戦時・戦後を経て，現在
も西南学院高等学校の宗教活動サークルとして存続
している。（下園）

Ⅲ-P1. 授業前の祈禱

1925（大正14）年／西南学院史資料センター

キリスト教主義学校である西南学院では，授業前に祈禱
をおこなう慣習があった。本写真は，西南学院の教授で
あった波多野培根（1868-1945）が学生たちと共に授業
前の祈禱をおこなっている様子を撮影したものである。
同志社で長らく教鞭を執ったのち1920（大正9）年に

西南学院へ赴任してきた波多野は，学生たちにとって，
学問のみならず道徳・信仰の模範でもあった。なお，波
多野は同志社に奉職していた1910（明治43）年に，日本
政府による韓国併合を正義なき「国家の禍機」として痛
烈に非難した公開状を著している。（下園）

（上）*III-P2.* **高等学部オーケストラ部**

1922（大正11）年／西南学院史資料センター

西南学院には学生の自治機関として，自主的に運動・文芸・音楽活動をおこなうことができる学友会が存在していた。学友会の中には，欧米文化を取り入れたクラブも早くから登場しており，欧米由来の楽器を使った演奏会などもおこなわれていた。（山本）

（下）*III-P3.* **クリスマス行事**

1930（昭和5）年／西南学院史資料センター

キリスト教主義を掲げる西南学院では，学校の講堂などで度々宗教行事活動がおこなわれていた。クリスマス行事もその一つで，男子学生たちが仮装をして演劇などを披露していたようである。（山本）

（上）**III-P4. 全日本大学高専英語弁論大会**

1935（昭和10）年／西南学院史資料センター

（下）**III-P5. 庭球部**

1938（昭和13）年／西南学院史資料センター

本資料は、『西南学院新聞第五号』に掲載された、1935（昭和20）年11月20日に「九州日報社」で開催された英語弁論大会の集合写真である。「同志社」、「九州帝大（現九州大学）」など全国から13校が参加し、西南学院のドージャー院長が講評をおこなっていた。参加者の多くを男子学生が占めていたが、「広島女学院」から女学生が1名参加しており「満足な文字通りの盛会であつた」と好意的に報じられている。（山本）

早くから欧米の文化を取り入れた西南学院では、クラブ活動も盛んにおこなわれており、テニス部やバスケットボール部などが存在していた。しかし、戦争が近づくと欧米的な表現が避けられるようになり、テニス部は「庭球部」と名称を変えて存続することとなった。（山本）

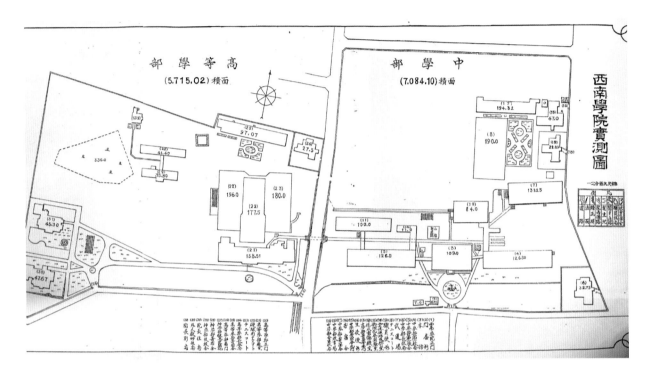

部分拡大部

(32) 院長別宅
(31) 院長住宅
(30) 外人教師住宅
(29) 神学部寄宿舎
(28) 神学部仮校舎
(27) 神学部整工建築延
(26) 高等学部南門
(25) 高等学部長住宅
(24) 高等学部寄宿舎
(23) 高等学部教室
(22) 硬球用テニスコート
(21) テニスコート
(20) 高等学部正門
(19) 中学部会監住宅
(18) 中学部炊事場
(17) 中学部寄宿舎
(16) 寄宿舎
(15) 中学部寄宿舎北門
(14) 生徒便所
(13) 中学部寄宿舎南門
(12) 物理化学実験室
(11) 揚水電働機室
(10) 雲体操場及地下室
(9) 職員便所
(8) テニスコート
(7) 武道場
(6) 中学部長住宅
(5) 中学部第一校舎
(4) 中学部第二校舎
(3) 本館
(2) 番坊
(1) 西南学院正門

参考 1931（昭和6）年 西南学院実測図

1931（昭和6）年／西南学院史資料センター

本図では中学部，高等学部それぞれにテニスコートが描かれている。本図北西には「神学部仮校舎」があり，キリスト教主義学校としての西南学院の特徴も見て取れる。また，剣道場・柔道場を揃えた「武道場」が実測図中の東に登場したが，当該施設は当時の院長 G. W. ボールデン（George Washington Bouldin, 1881-1967）により体操場の不足を補うため，1930（昭和5）年に設立されたものである。(山本)

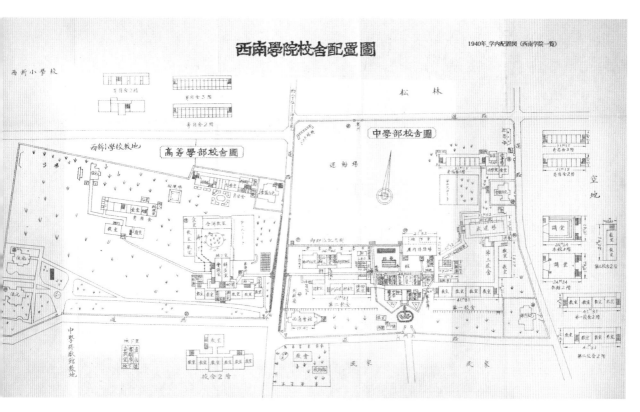

1940年_学内配置図（西南学院一覧）

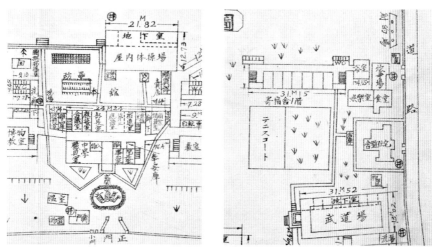

部分拡大部

参考 1940（昭和15）年 西南学院校舎配置図

1940（昭和15）年／西南学院史資料センター

本図では 1931（昭和6）年の実測図北西にあった「神学部寄宿舎」と「神学部仮校舎」，「外人教師住宅」の表記が消え，「寄宿舎」と「教室」，「住宅」のみの表記に変わっている。また，本図北東には「射的場」（狭窄射撃場），中央本館には「奉安庫」，本館より北西の位置に「国旗掲揚台」の記載があり，キリスト教主義学校も戦争に向けた体制に組み込まれていたことがわかる。（山本）

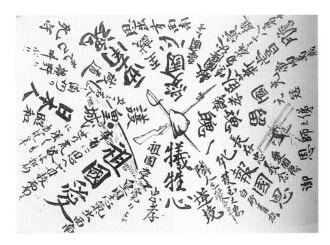

部分拡大図（学生たちの寄書）

III-5. 西南学院中学部卒業写真集

1932（昭和7）年／福岡／西南学院／冊子／西南学院史資料センター

本資料は，西南学院生徒の間でも戦争が身近になりはじめた時期の卒業アルバムである。卒業アルバム寄書部分のうち，左は「勇ましさ」や「愛国心」を誇張した文面が目立つが，右には学生らしい言葉や絵などの表現がみられる。「日本人」としての意識や「忠君愛国」の思想が求められた当時の世相，学生の間で広まっていた世相の変化などが寄書にもあらわれている。（山本）

コラム 西南学院中学部卒業写真集の寄書中の朝鮮語（ハングル）

西南学院大学国際文化学部教授 伊藤慎二

西南学院史資料センター所蔵（吉田雅俊氏寄贈）の1932（昭和7）年の西南学院中学部卒業写真集は，友人どうしや部活動などごとの集合写真と寄書を各一頁に掲載している。そこには，大正デモクラシーからアジア太平洋戦争に向かう社会世相が写し出されている。現代の同世代と変わらない無邪気な文章に交じり，1931年から1932年はじめの日本軍による満州事変（九一八事変）と第一次上海事変（一二八事変）や，久留米から出兵した「肉弾三勇士」の爆死と「満蒙問題」に触れた言葉や記事もある。それらの中に，本館・講堂建物（現西南学院大学博物館）北側で戦前まで保護されていた元寇防塁遺構（伊藤 2021）を背に二列に並んだ六人の集合写真がある。その下の寄書には，朝鮮語（ハングル）の短文が含まれる。西南学院の出版物中にみられる最古の朝鮮語である。九州朝鮮中高級学校朴廣赫教諭と同卒業生宋知樺氏のご教示を基に，寄書中の1〜6までの朝鮮語を読み解いた。

　1：셔남학원……서남학원＝西南学院の誤記
　2：생빼이……センベイ。直上の「にわか面」風の
　　　絵とあわせて，「二〇加煎餅」の意か。
　3：마류디……マリュティ。意味不明。
　4：우리　동모……我が友よ
　5：지금　없는　岩崎선생……今は亡き岩崎先生
　6：을　싱각함……을　생각함＝想います の誤記。
　　　5と6で一文と考えられる。

この寄書を記した六名は全員日本的な姓名である。日本帝国により植民地支配下の朝鮮籍者に「創氏改名」が強いられたのは1940（昭和15）年のことであるが，先行して使用していた「通称名」の生徒がこれを記した可能性も考えられる。誤記は朝鮮語の方言に由来するかもしれない。あるいは，朝鮮語を学んでいた日本人生徒が記した可能性もある。いずれにしても，この友人たちの間では，朝鮮文化を理解し多様性を認める気風がある程度あったとみられる。

なお，当時の西南学院を代表する教員であった波多野培根（はたのますね）は，1910（明治43）年の「韓国併合」を公開書状中で厳しく批判している（塩野 2014，下園編 2021：7頁）。「日本は事実に於て正義人道の美名の下に恐るべき禍心を包蔵して呑噬（どんぜい）侵略を行ふ陰険国と堕落し，新に世界の虎狼国の仲間入りを為したるを思へば，実に国家の為めに漸愧痛恨に堪へざるものあり」（塩野 2014：251頁）。

【参考文献】
伊藤慎二 2021「西南学院大学構内のもうひとつの元寇防塁遺構：新資料の紹介 附：戦前の絵葉書に写る西新元寇防塁」，『国際文化論集』第35巻第2号：83-116頁，西南学院大学学術研究所（福岡）
塩野和夫 2014『継承されるキリスト教教育：西南学院創立百周年に寄せて』，九州大学出版会（福岡）
下園知弥編 2021『波多野培根：同志社と西南学院を支えた教育者』，西南学院史資料センター（福岡）

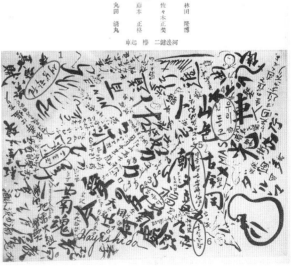

写真1 1932（昭和7）年西南学院中学部卒業写真集の集合写真・寄書（左）と寄書部分拡大（右）
※赤丸と数字は筆者加筆

Overcome the War
戦争を越えて

　日中戦争が始まり戦争に向けた国家総動員体制が作られていくにつれて，キリスト教主義を掲げていた西南学院でも学徒動員や勤労奉仕に従事させられる体制が出来上がる。また，英語が敵性語として非難されたことで，校章や授業内容の変更などもみられた。御真影を安置する奉安所や国旗掲揚台の設置などもおこなわれ，天皇中心の国家体制に組み込まれていくこととなった。

III-6.
旧制西南学院中学部校章 (戦時下)

1944(昭和19)年／福岡／西南学院／陶製
西南学院史資料センター

　「SWA」の校章はアルファベットを使用していたため，時局に合わせて 1942 (昭和17) 年に「三葉の松葉」に変化した。新校章は「信・望・愛」を象徴する三角形を基底として，百道松原の松が表現されている。戦局が悪化してくると，金属回収令により校章の材質も陶製に変化した。(山本)

III-7.
西南学院制帽 (レプリカ)

製作年不詳／福岡／西南学院／布製／西南学院史資料センター

　西南学院中学校でかつて採用されていた制帽の複製。海軍帽を模しており，中央に「三葉の松葉」の形をした校章が付属している。戦前の「SWA」を組み合わせた校章から変化した後，中学校では戦後も引き続き本意匠が使用されていた。1921 (大正10) 年の『西南学院一覧』の服装規定によると「制帽　海軍帽ニ本学院制定ノ徽章ヲ附ス」と記載があり，当初は海軍帽と同形式の帽子が制帽として使用されており，中心に校章が付けられていたと考えられる。(山本)

III-8.
『古事記』偽装の英語教科書

1941（昭和16）年／日本／［英語教科書］吉武好孝編，三省堂／書冊
西南学院史資料センター

戦時下では英語が敵性語として批判された。そのため，アルファベットを用いた校章が廃止され，英語の書籍の使用にも厳しい監視の目が向けられるようになった。一方で，目立たないように英語の学習を続けた学生もおり，本資料からはその工夫の一端がうかがえる。本資料の中身は英語教科書であるが，表紙は『古事記』の参考書に偽装されている。（山本）

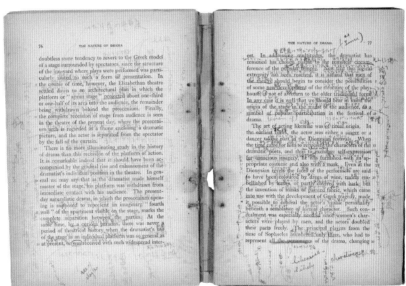

戦争直前の時間割

　1921（大正10）年発刊の『西南学院一覧』によると，1921（大正10）年の中学部時間割には「音読」，「書取」，「習字」と記載があり，英語教育が早い段階でおこなわれていた。1922（大正11）年に設立された高等学部神学科では「聖書神学」や「教会歴史」の授業のほかに，「希臘（ギリシア）語」や「希伯来（ヘブライ）語」などがあった。また，高等学部でも文科・商科ともに「英文法」や「英作文」，「英会話」といった語学教育に特に力が入れられていた。

　しかし，戦争が近づき欧米文化や英語が敵性語として批判される中で，高等学部の英文科は廃止され，目立つ形での英語教育・学習に制限がかけられていくようになる。また，「国民道徳」の授業はキリスト教主義を掲げるミッションスクールにおいても重要視され，時間割に組み込まれるようになっていった。

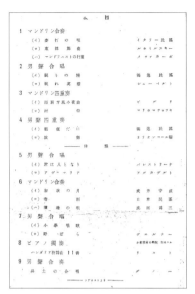

参考 西南学院音楽部（グリークラブ）第9回定期演奏会プログラム

1943（昭和18）年／西南学院史資料センター

戦争が激化していた 1943（昭和18）年7月に，西南学院音楽部（グリークラブ）による最後の定期演奏会が学院講堂でおこなわれた。当時はグリークラブという呼称が使えず，日本式の名称で呼ばれていた。演奏会当日は壇上の巨大な日章旗の下，「アヴェマリア」の唱歌やマンドリンの演奏，「眠れ英霊」や「兵士の合唱」などが発表された。演奏会終了後の彼らは西新から天神の町まで歌いながら歩いたという。彼らの中には兵役に就く学生も含まれていた。（山本）

III-P6.
勤労奉仕による陸軍墓地の石運搬

1935（昭和10）年／西南学院史資料センター

1938（昭和13）年公布の「国家総動員法」の下，戦争の拡大に伴う軍需工場や農村などの労働力不足を補うために，学生たちは工場や農村での作業に従事させられた。写真は 1935（昭和10）年9月，福岡県筑紫郡岩戸村（現那珂川市）で陸軍墓地の墓石運搬に参加させられた学生たちの様子を撮影したものである。当初は数日間のみの活動であったが，戦局が悪化するにつれて本格的な動員になり，通常通りの授業はまったくおこなわれなくなった。（山本）

III-9. 『学友会雑誌』第21号

1939（昭和14）年／福岡／西南学院学友会／小冊子
西南学院史資料センター

西南学院に配属されていた将校への追悼文や，学生たちの勤労奉仕，兵営に宿泊した記録など，戦時下の日常生活を綴った学生たちの作文が掲載されている。出征兵士の見送りや慰霊行事に参加した学生もおり，当時の学生生活の様子がよくわかる資料である。(山本)

III-P7. 軍事教練　正門前の行進

1935（昭和10）年／西南学院史資料センター

1925（大正14）年の陸軍現役将校学校配属令の公布後，西南学院でも陸軍将校が配属され，軍事教練が課されることになった。主に，行軍や偵察活動，実弾射撃訓練を含む戦闘演習などをおこなっており，その成績は軍の徴兵や志願時の処遇にも関係していくこととなる。(山本)

III-10. 菊花紋章

1937（昭和12）年／福岡／西南学院／木製，金箔
西南学院史資料センター

西南学院の奉安所の扉上部に装着されていた菊花紋章。奉安所には御真影（昭和天皇夫妻の肖像写真）が安置されたことから，皇室を表す菊の花を模した紋章が装飾として用いられた。キリスト教主義の学校も，天皇を中心とする忠君愛国の教育体制に組み込まれたことがわかる象徴的な資料である。（山本）

III-P8. 奉安所

1937（昭和12）年／西南学院史資料センター

御真影は，たとえ空襲が来ても最優先で守るべきものといわれていた。御真影を納めるためには奉安所が必要であり，キリスト教主義学校であった西南学院にも設置された。奉安所は当初本館1階の院長室内にあり，資料番号III-10の菊花紋章は入口の扉上部に取り付けられていたものである。（山本）

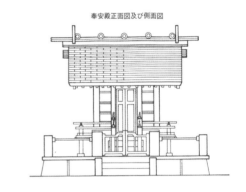

奉安殿正面図及び側面図

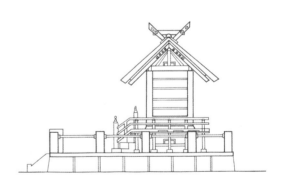

参考 奉安殿正面図及び側面図

1943（昭和18）年／西南学院史資料センター

当初は本館1階院長室に奉安所が置かれていたが，本館前校門の東側松林の中に石造りの「奉安殿」を設置することが決まった。神明造りと呼ばれる神社建築と同じ様式の奉安殿である。1944（昭和19）年7月に完成後，1945（昭和20）年3月4日に御真影を移す奉遷式がおこなわれた。（山本）

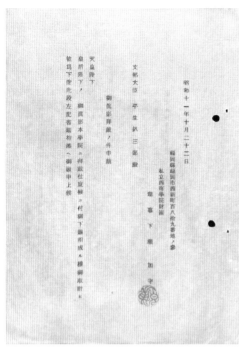

学院に到着した御真影（1937年）
中央は院長水町義夫
西南学院史資料センター蔵

◀御真影下賜申請書（1936年） 西南学院史資料センター蔵

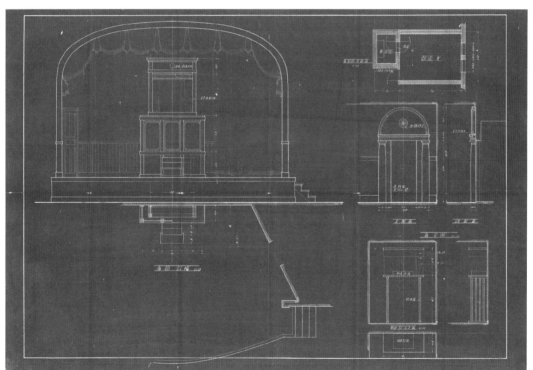

御真影下賜申請書付属図（1936年）
西南学院史資料センター蔵

　学院は1936（昭和11）年10月22日，理事下瀬加守の名で文部省に「御真影拝戴」および「教育ニ関スル勅語謄本拝戴」の申請をおこなった。翌1937（昭和12）年4月22日に学院に御真影が到着し，同日講堂で拝戴式を挙行した。（宮川）

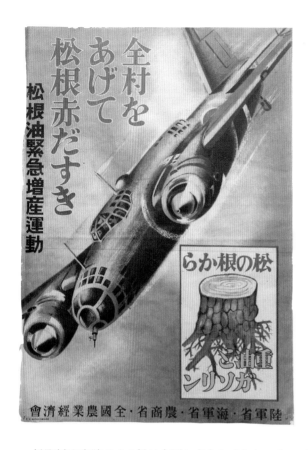

参考 「松根油緊急増産運動」のポスター

1944(昭和19)年頃／日本／陸軍省・海軍省・農商省・全国農業経済会
紙本色摺／兵士・庶民の戦争資料館

第二次世界大戦末期には，燃料不足のため松根油が代替燃料として注目されていた。そして1944年頃，「松根油緊急増産運動」として，松根油の原料となる松の根の掘り起こしや，松脂の採取に国民が動員された。本資料には戦闘機のイラストが中央に大きく描かれているが，松根油が実戦における燃料として使われた記録は不明確である。(鬼束)

松脂採取痕跡のある松は全国に点在しており，かつて松林であった西南学院大学構内においても確認されている。現在は10本の明確な例が確認されているが，戦後の大学設置に伴う施設建設の際の伐採や，枯れた松の伐採により松の数は減少しているため，以前は多くの松に痕跡がみられた可能性もある。

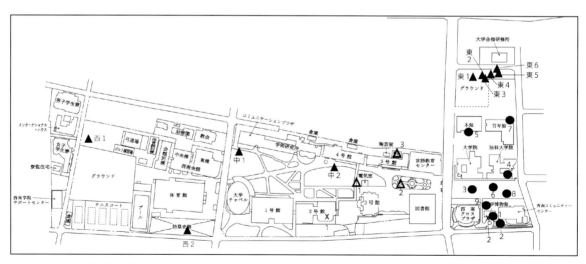

松脂採取痕跡のある松（▲印）と西南学院大学構内の戦争遺跡の位置 **（太字は現存）**
(伊藤2019：図3を元に改変)

X戦闘関連：1焼夷弾着弾地・2電波欺瞞紙落下地，
●思想統制関連：1奉安所・2奉安殿・3国旗掲揚台・4武道場・5運動場・6雨天体操場銃器庫・7狭窄射撃場・8防空監視所・9元寇防…
△経済統制関連：1・2第二・四校舎転用疎開工場，3玄南寮転用三菱電機福岡工場建設事務所，
▲東1〜6・中1・2・西1・2松脂採取痕跡松

西南学院大学国際文化学部教育推進プログラム
「戦争をフィールドワークする」

　現在，西南学院大学国際文化学部では「戦争をフィールドワークする」という学部教育推進プログラムがおこなわれている。対象となる国・地域はさまざまで，ヨーロッパのナチス・ドイツ関連施設や戦争遺跡，東南アジア諸地域における日本軍関連施設や戦争遺跡，中国の南京やアメリカの真珠湾，日本の沖縄戦関連戦争遺跡の見学などに参加することができる。「かつて戦争と悲惨な歴史があった」という事実について学ぶだけでなく，その背景についても考えることを目的として，学生が実際に現地の関連戦争遺跡や施設，博物館を訪れることができる研修旅行制度である。

タイ国・カンチャナブリ県にて，泰緬鉄道のクワイ河鉄橋を望む（西南学院大学博物館館長片山隆裕 2017年撮影・提供）

▷ タイ研修

　写真は，2017（平成29）年8月のタイ研修時，カンチャナブリ県にて，泰緬鉄道のクワイ河鉄橋を望む研修参加者。

　タイ研修では，タイ王国を中心に東南アジア諸国で旧日本軍による占領下の出来事などを中心に学ぶ。写真の泰緬鉄道はタイとミャンマーを結ぶために造られた鉄道であり，旧日本軍の指揮下，現地住民や多数の捕虜が過酷な労働のもと亡くなったことがわかっている。ほかに，JEATH戦争博物館などの見学もプログラムに含まれており，旧日本軍に関する日本国内では知られていない詳細な記録などを学ぶことができる。

▷ ヨーロッパ研修

　写真は，2020（令和2）年2月のヨーロッパ研修時に撮影された，アウシュヴィッツ第1収容所入口の門である。アウシュヴィッツ収容所はユダヤ人強制・絶滅収容所として，ナチスによっておこなわれたことを学ぶための，有名な負の遺産である。この際，研修に参加した学生は，ポーランドに所在するアウシュヴィッツ収容所まで，実際にユダヤ人が貨物車で運ばれたルートの1つを8時間かけて電車で向かった。

　ヨーロッパ研修では，ナチス政権下の東ヨーロッパ諸地域におけるユダヤ人の迫害について主に学ぶ。収容所などナチスが直接関わった施設のほかに，現地に残存しているユダヤ教会（シナゴーグ）やユダヤ人を強制的に隔離したゲットー跡など，当時のユダヤ人社会や彼らが形成していた文化を紹介する施設への見学もプログラムに含まれている。

アウシュヴィッツ第1収容所
入口の門（編者2020年撮影）

III-11.
『おとなになれなかった弟たちに……』
1983（昭和58）年〈初版〉／東京／米倉斉加年著，偕成社
書冊／西南学院大学博物館

本資料は，西南学院大学文学部英文学科に在籍して
いた米倉斉加年（1934-2014）が著わした絵本である。
本書では，作者自身が体験した戦時中の飢えと苦し
みの悲惨な想い出が挿絵と共に綴られている。あと
がきには，戦争で亡くなった人たちのことと共に，
日本が戦争で苦しめた人たちのことも忘れてはなら
ない，という作者のメッセージが記されている。

（下園）

III-12.
『西南よ，キリストに忠実なれ―*Be True to Christ*―
西南学院創立百周年に当たっての平和宣言―西南学院の戦争責任・戦後責任の告白を踏まえて―』
2016（平成28）年／福岡／『西南学院の戦争責任・戦後責任の告白（案）』作業部会編，学校法人西南学院／小冊子／西南学院大学博物館

本冊子は，2016（平成28）年の創立100周年に合わせて
西南学院が発信・刊行した平和宣言である。この平和宣
言は，戦時中に西南学院が戦争協力の道を進んでしまっ
たことについて，それが間違っていたことを率直に表明
し，責任を告白することを企図して作成された。（下園）

＊本平和宣言の全文（日本語および諸外国語の翻訳）は，2023（令和5）年現在，西南学院大学のホームページよりダウンロー
ドできます。

戦時下の西南学院　関連年表

西暦	和暦	西南学院の出来事
1916	大正5	● C.K.ドージャーによって福岡市大名町に「私立西南学院」創立。● 西南学院開院式。ＳＷＡの校章決まる。●「私立西南学院」を「私立中学西南学院」と改称。
1918	7	● 早良郡西新町に移転。● 9人のクリスチャン生徒によりゲッセマネ会誕生。
1920	9	●「私立中学西南学院」を「中学西南学院」に改称。● 学院本館（現大学博物館）定礎式。
1921	10	● 財団法人「私立西南学院財団」設立。●『西南学院一覧』第1刷発刊。● 西南学院高等学部文科・商科設置。●「中学西南学院」を「西南学院中学部」に改称認可。● 高等学部寄宿舎「玄南寮」完成。
1923	12	● 高等学部に神学科増設。
1925	14	● 配属将校松井秀治大尉配属，軍事教練はじまる。● 福岡市周辺の九つの中等学校合同の「中等学校生徒統合演習」に参加。
1927	昭和2	● 高等学部内に「日曜日問題」が表面化。
1929	4	● C.K.ドージャー，院長を辞任。
1930	5	● 武道場完成。
1934	9	●『西南学院新聞』発刊。● 高等学部神学科中断。● 狭窄射撃場完成。● 第1回全日本大学・高専英語弁論大会（ESS主催，1940年の第7回まで開催）。
1935	10	● 高等学部文科を英文科，商科を高等商業科と改称，各科に研究科設置，中学部に商業科増設。● 高等学部学帽統一。中学部校旗制定，推戴式。
1937	12	●「教育ニ関スル勅語」拝戴。● アメリカからヘレン・ケラーが来校。
1938	13	● 水町義夫院長「西南学院の教育精神」発表。● 西南学院防護規定・警防計画制定。
1939	14	● 西南学院商業学校開設。● 文部省・陸海軍による「御親閲」に中学部・高等学部生が参加。● 高等学部興風会組織。● 高等学部「興亜学生勤労報国隊」に参加。● 中学部の兵営宿泊訓練。● 学院出身戦没者追悼記念式。● 学校配属将校令実施15周年記念福岡県中部連合演習に参加。● 元配属将校柴田二郎少佐学院葬。
1940	15	● 学院出身戦没者慰霊祭。● 国旗掲揚台完成。
1941	16	● 第1回西日本中等学校英語暗唱大会。● 国民学校令公布。● 学友会組織を報国団組織に改組。● 西南学院創立25周年記念式。● 文部省，学校単位で「学校報国隊」編成の訓令。● 在校生の徴兵検査実施。
1942	17	● 学徒動員令公布。●「ＳＷＡ」の校章から「三葉の松葉」の新校章に変更。● 高等学部寄宿舎「玄南荘」が軍兵舎となる。
1943	18	● 新校章着用。● 非常召集規定制定。● 校内防空訓練，干隈開墾作業。● 戦時学徒体育訓練実施要項通達。● 高等学部報国隊結成。● 文科系学生の徴兵制猶予停止。● 出陣学徒壮行体育会。● 入営学徒壮行式。
1944	19	● 高等学部英文科・高等商業科廃止。● 奉安殿完成。● 中学部，春日原軍需工場，蓆田（むしろだ）陸軍飛行場等で勤労動員。
1945	20	● 御真影奉遷式。● 福岡大空襲，西南学院の被害僅少。● 日本がポツダム宣言を受諾して終戦。

【参考文献】
西南学院百年史編纂委員会編『西南学院百年史』学校法人西南学院，2019年

西南学院大学博物館学芸研究員　鬼束芽依

　西南学院には，アジア・太平洋戦争期の遺構・遺物（戦争遺跡・遺物）が現存している。本展覧会出品資料のなかでは，陶製の校章（本書52頁：Ⅲ-6）や旧西南学院本館（現大学博物館）に設置された奉安所（現大学博物館館長室倉庫）と，奉安所入口扉上に装着されていた菊花紋章（本書56頁：Ⅲ-10）などが知られている。それらの遺構・遺物は，すでに消滅し現存していないものなども含め，西南学院大学教授・伊藤慎二（2018）によって整理・分類された。本稿ではそのなかでも大学構内に現存している松脂採取跡について取り上げる。

　松脂採取は，石油の代替燃料として注目された松根油の原料を獲得するために行われたものである。松根油はもともと掘り出した松の根を原料としていたが，体力のある男性の多くが戦場に動員されていた戦争末期には，労力のかかる松の根掘りに代わり，子供や女性，老人でも作業が可能な松脂採取が盛んとなっていた。しかし，実際に松根油が航空機燃料として使用されたかは不明確で，ほとんど実用に至らなかったとされる。また，敗戦直後に日本帝国政府・軍の指示で行われた戦争関連公文書焼却隠滅作業が原因で，松脂採取に関わる詳細な文書記録は残っていない。

　現在，西南学院大学構内（西新キャンパス）には，約170本の松が植えられている。これらの松は，福岡藩初代藩主・黒田長政の命により，防風林として植えられたものなどが起源である。そのうちの一部に松脂採取痕跡があることは，西南学院高等学校1950年卒業・松井靖之氏によって初めて指摘され，九州大学元助教授・井上晋氏（植物学）も同様に確認した。その後，伊藤慎二が行った調査によって，合計10本の松に明確な松脂採取痕跡があることが確認された（本書58頁）。文書による記録は残っていないものの，戦争末期の西新町においても松脂採取が行われていたことを示す重要な遺構である。

　2021年4月7日，それらの松のうち2本に，アジア・太平洋戦争末期の松脂採取跡であることを紹介する案内板が設置された。また，大学博物館では，解説シートを作成して学生や市民に配布している。戦後78年経過し，戦争の記憶は薄れつつあるが，松脂採取の傷跡はまだ完全に癒えていない。これらの松は，児童を含む住民たちが緊迫した状況のなかで松脂採取を行っていたということを想起させるものであり，つい最近までその状況があったことを実感させるものでもある。今後も戦争を語るものとして保存され，学生や市民，子供たちの教育へ活用されることを望みたい。

【主要参考文献】
伊藤慎二　2018「西南学院大学構内の戦争遺跡―戦時下の松脂採取痕跡を中心に―」，『西南学院大学国際文化論集』第32巻第2号，141～181頁，西南学院大学学術研究所
森下公貴　2017「戦争語る松　後世に　西南学院大キャンパス　保存検討　20本松やに採取の傷」，『西日本新聞』2017年8月16日朝刊，27頁，西日本新聞社

写真1　松脂採取痕跡（東4号松）

写真2　設置された案内板
（中2号松・中央キャンパス駐輪場内）　＊位置は58頁を参

解説

キリスト教主義学校における
戦時下資料の保存と継承

　創立から100年以上を経て現在も存続している福岡女学院，西南女学院，西南学院の３校には，学院内に数多くの戦時下資料が保存されている。それらの資料は実にさまざまなかたちで継承・活用されており，展示というかたちで一般公開されているものや，非公開のもの，調査研究中のもの，学生の日常の一部となっているものなどがある。

　本解説では，上記３校の戦時下資料の管理運営に携わっている職員より，各学院における資料の保存と継承の事例について解説する。

上：西南女学院 ロウ記念講堂
左下：福岡女学院資料室
右下：西南学院史資料センター

「ゐもん帖」からのメッセージ

福岡女学院大学人文学部現代文化学科講師 **井上美香子**

戦時下という時期は，キリスト教に対する思想弾圧がなされたため，多くのキリスト教主義学校と同様に福岡女学院でも苦難の時代でした。この苦難の時を乗り越え，福岡女学院の今があります。それゆえ，戦時下という時代は，福岡女学院の歴史を紐解くうえで重要な時期といえます。

1945（昭和20）年6月の福岡大空襲により，当時薬院にあった福岡女学校（現在の福岡女学院）の校舎は焼失しました。そのため，福岡女学院に残る戦時下の史資料といえば，年史編纂の際に集められた写真，教務日誌や慰問帖など，その数はあまり多くはありません。これらの史資料は，戦時下の福岡女学院の様子を今に伝えるという点で，学院にとって大変貴重だといえます。それゆえ，これらの史資料を適切な方法で保存し，後世に継承していくことは，福岡女学院資料室に課せられた重要な課題の一つです。福岡女学院資料室では，適切な保存環境の整備と展示活動をとおして，戦時下の史資料の保存と継承に努めています。

保存方法としては，中性紙を用いた保存箱や保存封筒の使用，書庫には紫外線を発しない照明を用いるなど，史資料の劣化を少しでも防ぐための対策を講じています。適切な保存環境を整備し大切に保存するという点では，戦時下の史資料だけが例外であるというわけではありません。もちろん，福岡女学院資料室で所蔵している全ての史資料を大切に保存し継承していく必要があります。

それでは，他の所蔵史資料に比べて戦時下の史資料が有している特徴は一体何でしょう。それは，史資料が発するメッセージ性ではないかと考えています。学校アーカイブズである福岡女学院資料室にとって，特に今の学生・生徒たちが史資料をとおして何を感じ何を考えるのかという視点は非常に重要となります。それゆえ，なるべく多くの学生・生徒たちの目に触れることができるように，貴重な史資料でも積極的に展示することを心がけています。

そこで，福岡女学院資料室における戦時下の史資料の展示活動の事例として，福岡女学院資料室で所蔵している「ゐもん帖」（慰問帖）について紹介したいと思います。「ゐもん帖」とは，戦地に出征した兵士を慰め士気を鼓舞するために，国内から戦地に送った慰問品の一つです。この「ゐもん帖」は，1943（昭和18）年当時，福岡女学校4年2組の生徒であった8名の女学生たちによって作られフィリピンにいる日本兵に送られたものです。第二次世界大戦下にフィリピンで戦死した米兵のご遺族により，2016年3月に福岡女学院に寄贈されました。福岡女学院資料室では，「ゐもん帖」などの史資料の展示をとおして，"戦時下"という時代について考えるきっかけを提供したいと考えています。

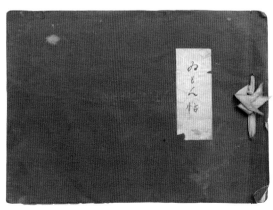
表紙

内

福岡女学校の生徒が作成した「ゐもん帖」

苦難を越えて守り続けるキリスト教信仰
建学の精神継承の場「ロウ記念講堂」

西南女学院中学校・高等学校事務長　山口哲蔵

　西南女学院は，アメリカ南部バプテスト連盟の祈り
から誕生しました。100年を超えて世界中のキリスト
教信仰者に支えられながら歴史の荒波を乗り越え，キ
リスト教に基づく女子教育を実践し，地域社会の発展
に貢献しております。西南女学院が神さまからいただ
いたギフトとして，無形の象徴が建学の精神「キリス
ト教信仰＝感恩奉仕」であり，実践する場として有形
の象徴が西南女学院最古の建物「ロウ記念講堂」であ
ります。

　1935（昭和10）年10月，西南女学院最初の鉄筋コン
クリート3階建ての「ロウ記念講堂」が竣工しました。
1・2階は吹き抜けの講堂，3階は屋上広場の活用を
計ったフラットルーフの構造は，ヴォーリズ建築の中
ではモダンな設計でした。

　当時の女学生たちは，電停からたんぼ道を通って登
校しており，丘の上の講堂は両手を広げて女学生たち
を待ち構えるかのごとく建っていました。今でも屋上
からは，西南女学院のキャンパスだけでなく，西の玄
界灘から東の関門海峡を越えた下関まで見渡すことが
できます。1937（昭和12）年，東側には八幡製鐵所，眼
下には鉄道省門司鉄道局小倉工機部や戦略兵器を製造
する小倉陸軍造兵廠が配置されていました。いわゆる
日本の軍事機密の重要施設を見下ろす場所に，アメリ
カ人が設置した学校の大きな建物が建っていることは，
日本軍にとって不快な感情が生まれたと推察されます。

　先の大戦による緊迫した世界の情勢に脅かされるよ
うに，西南女学院は日本の社会の中で存在自体を脅か
されていきます。政治団体による「西南女学院排斥運
動」の苦難を受けました。校地・校舎が軍に徴用され
るだけでなく，講堂の外壁は，白・黒・灰の塗料で迷
彩色が施され，見晴らしの良い場所に建つ講堂は防空
司令部として活用されるに至り，女学生たちは学びの
場所，シオンの山から追われてしまいました。西南女
学院は，さまざまな大切な「文化」を手放していきま
した。しかし，この苦境の中でもキリスト教を「教科」
として伝えること，「聖書」だけは手放すことを拒否し
ました。私たち西南女学院の先輩たちにとって，守り
たかったもの（文化）は，建物や施設ではなく，「キリ
スト教信仰」でした。

　戦後の復興は，軍から返還されたシオン山校舎への
復帰から始まり，キャンパスは女学生たちの讃美歌の

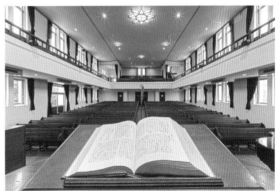

ロウ記念講堂

歌声で満たされました。日本の経済成長に伴走するよ
うに，西南女学院も建学の精神を実践する総合学園へ
と発展していきます。「ロウ記念講堂」は，平和の色へ
塗りなおされ，戦いの拠点から礼拝堂としての本来の
姿を取り戻していきました。

　今，「ロウ記念講堂」を通して戦時下資料の保存につ
いて考察を深める中で，西南女学院を守ってきた先達
が下した判断や決断を現代の社会状況に透かしてみる
と，自省すべき事柄もあるのでしょう。しかし，戦時
下の出来事は，西南女学院が時代を超えて継承すべき
文化を明確にしました。西南女学院は「キリスト教信
仰＝感恩奉仕」を堅持し，地域社会へキリストの業を
実践する人材を創出することを使命と感じております。

　「ロウ記念講堂」は，歴史を超えて建つ遺構ではなく，
西南女学院生たちが神と向き合う場（礼拝の場），建学
の精神を継承する場です。西南女学院に与えられた
「ロウ記念講堂」では，これからも聖書の御言と讃美歌
の歌声が溢れる場所として，時代を超えて信仰の継承
が実践されていきます。

西南学院の「御真影奉戴」

西南学院史資料センターアーキビスト 宮川由衣

　強まる軍国主義化のもと，文部省の政策により公立のみならず全国の私立学校においても「御真影」（天皇・皇后の肖像写真）を奉戴し，拝礼するようになりました。本学院においても，1937（昭和12）年4月22日に御真影が到着し，学院本館の講堂（現大学博物館2階講堂）で奉戴式が挙行されました。本稿では，御真影奉戴に関する記録から御真影の下賜から奉安殿建設の経緯を辿ります。

　御真影は，各校が県を通して文部省に申請することによって下賜（くだしたまわること）されました。全国のキリスト教学校の例を見ると，1930年代後半から1940年代初等にかけて御真影が下賜されています（1935年東北学院，1937年関西学院など）。本学院は1936（昭和11）年10月22日，理事下瀬加守の名で文部省に「御真影拝戴」および「教育ニ関スル勅語謄本拝戴」の申請をおこなっています（57頁参照）。学生によって発行されていた『西南学院新聞』は第21号（1936.11.25）において，9月末日に学院院長室で開催された理事会において御真影奉戴の件が満場一致で可決されたと報じています。

　翌1937（昭和12）年4月22日，学院に御真影が到着し，同日講堂で拝戴式が挙行されました。これについて『西南学院新聞』第23号（1937.5.10）は「御真影は院長之を捧持し，午前十一時，職員，学生生徒其の他，学院関係者堵列御出迎への中を，無事校内御着。〔中略〕午前十一時十分より講堂に於いて全員打揃ひ厳粛なる拝戴式を挙行し，学院長より拝戴についての熱誠なる一場の訓辞が述べられた」と記しています。また，翌日の『福岡日日新聞』は「国体観念が薄いではないかとは，一般国民からミッションスクールが動もすればうける疑惑であったが，同学院に関する限り，今後かゝる疑惑は一掃されるものと見られる」と報じました。

　御真影を奉戴するためには，定められた奉安所の設置が義務づけられていました。学院が提出した御真影下賜申請書には奉安所の設置に関する図面が付されています（57頁および右図参照）。この図面から，講堂に設置された奉掲設備や院長室に隣接して設置された奉安所および御真影奉納箱の形状がわかります。奉安所の上部には金箔仕上げの菊の紋章が掲げられました。

　煉瓦の囲いと鉄製の扉で保護された奉安所の中には，節のない檜の柱が支える台があり，カーテンの奥に御真影奉納箱が安置されました。申請書に付された設計図と完成した奉安所の設計には差異がある可能性はあるものの，現存する菊の紋章や奉安所の写真（56頁参照）から，基本的にこの図面に即して設計されたと推測されます。

　その後1942（昭和17）年に，「院長室（2階にある講堂への昇降に際して騒音が発生する）の一寓に御真影を置いておくのは不敬である」として奉安殿の建設を求める学生の意見が起こり，募金活動がおこなわれました。1944（昭和19）年4月20日の『西南学院新聞』は「懸案の奉安殿は資材の関係上其後工事が捗らず予期以上に遅延したが，この程漸く九分通り完成」と報じており，同年7月，校門の東側松林中に神明造りの奉安殿が完成しました。戦後，奉安殿は取り壊されました。

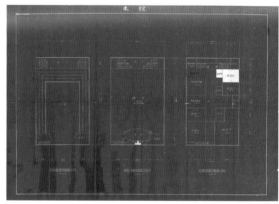

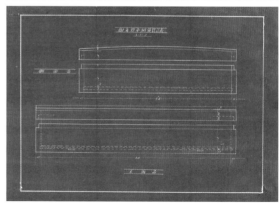

御真影下賜申請書付属図

1936（昭和11）年／西南学院史資料センター
（上）本館設計図（白塗部分は奉掲設備，奉安所，院長室）
（下）御真影奉納箱設計図

論考

戦時下における修学旅行の実態

西南女学院と西南学院の事例を中心に

西南学院大学博物館学芸調査員　山 本 恵 梨

I　はじめに

　現在，日本国内の多くの学校で修学旅行が実施されており，行き先は国内から海外まで多岐にわたる。通常，修学旅行は学校行事の中に課外学習の一環として組み込まれているが，その歴史は古く，明治時代初期に学校制度が整えられた時期にまで遡る。しかし，当時の修学旅行は現代のものとは目的や意図が異なるものであった。

　本論では，戦時下における修学旅行の特徴について明らかにするために，福岡県に所在するキリスト教主義学校である西南女学院と西南学院の事例について考察する。

II　初期の修学旅行と変容

　日本で明治時代に成立した修学旅行の前身は，初詣，船遊び，見物，登山といった慰安的性格を持った校外行事だった。しかしその後，この校外行事は「軍隊行事」としての性格を強くしていく。たとえば，1880年代中ごろから兵式体操の導入などが遠足に取り入れられており，校外学習の形が大きく変化していることがわかる。このように，行軍的な意味を持つ遠足に学術研究の要素が加わり，宿泊を伴う修学旅行に発展したのである。

　制度としての修学旅行の根本的な構想は，東京高等師範学校長・高嶺秀夫氏が1887（明治20）年8月，文部省の兵式体操導入の示達に端を発する行軍旅行に，学術研究の要素を加えることで誕生したと考えられている。最初の修学旅行は，1886（明治19）年に東京師範学校が実施した11泊12日の「長途遠足」だと言われている。この「修学旅行」という旅行制度は，生徒を校外に連れ出す数少ない機会としてさまざまな学校に広まっていくこととなった。

　大正時代に入ると，女学校や小学校でも修学旅行が普及していく。しかし，実際に修学旅行に参加できた学生は一部のみであったとされている。また，見学対象は地域の文化遺産や近代的な設備よりも，軍事施設・軍関連記念物の見学や伊勢神宮・宮城（皇居）参拝などが中心であった。その後さらに，皇居前広場の清掃，出征兵士宅訪問といった「体験学習」が加わり，「敬神・皇室崇拝行事」へと繋がっていった。その目的は，神宮参拝や軍事施設の見学などを通して，天皇を国家元首とした大日本帝国の臣民としての意識醸成や，近代日本の発展やその影響を自覚させることであったと考えられる。

　大日本帝国の臣民としての意識形成を目的とした修学旅行の行き先には，日本国内だけでなく植民地への渡航も含まれていた。日露戦争直後の1906（明治39）年7月には，文部省と陸軍省の省令によって，全国規模で合同満洲修学旅行が実施された。この旅行は国家の奨励により，全国の中等学校以上の教育機関において，国民的教育行事としておこなわれた初の海外修学旅行であった。当時の修学旅行の狙いは，多くの戦跡を見学し戦死者の慰霊をおこなうことで，「戦勝国民」としての実感を分かち合い，帝国の領土の広がりを感じる「精神上の感化」と「愛国心を刺激する活きたる感化」であった。現在の海外を行き先とした修学旅行は「多様性」や「異文化」を学ぶことが主な目的だとされているが，当時の植民地への修学旅行は「日本の領土」を学生に意識させることが目的だったと考えられている。

　また，この時期の修学旅行の変容の一つとして「神社参拝の定着」も挙げられる。学校教育における神社参拝は明治末期から大正期にかけて定着したとされている。昭和初期に入ると具体的な法案も出されており，特に1932（昭和7）年の文部省訓令第22号「児童生徒ニ対スル校外活動指導ニ関スル件」や，1935（昭和10）年の文部次官通牒などが代表的な施策として挙げられる。文部省訓令第22号は「児童生徒ニ対シ校外生活ヲ指導シ進ンデ社会生活ニ関スル訓練ヲ施ス」ことを目的として，「敬神崇祖」の精神を培うよう指示するものであった。

　このように，当時の修学旅行は，現代の修学旅行とは目的が異なっていたと考えられている。当時の修学

旅行は軍事行事の要素が強く，ナショナリズムの高揚も深く関係していた。

Ⅲ　戦時下における修学旅行の事例

西南女学院

　山口の下関と朝鮮半島の釜山を結ぶ関釜航路が近くにあったことから，西南女学院は朝鮮半島への修学旅行をおこなっていたと考えられる。修学旅行の記録は，卒業アルバムに掲載されている写真と，『朝鮮見学旅行の栞』から知ることができる。

　西南女学院の1930（昭和5）年の卒業アルバムには，朝鮮総督府と朝鮮神宮の前で撮影された集合写真が掲載されている。いずれの写真も「朝鮮総督府」，「朝鮮神宮」という説明が記載されていた。どちらも大日本帝国時代の植民地であったことを象徴する場所である。

　朝鮮総督府の庁舎は，1926（大正15）年に発行された『京城案内』に「中央塔の高さ百八十尺東洋一の建築物」と紹介されており，圧倒的な印象と共に日本の統治と近代化の象徴として1926（大正15）年に大日本帝国京城府（現ソウル）の中心地に建てられた。朝鮮神宮は植民地朝鮮の総鎮守として位置づけられており，皇祖神としての天照大神と明治天皇を祭神として祀っていた。[15]

　現存している1936（昭和11）年の『朝鮮見学旅行の栞』の「旅行案内記」からは，当時の修学旅行の詳しい予定が確認できる。朝鮮半島では釜山，大邱，京城，慶州，蔚山を訪れ，最後に釜山に戻り海雲台を訪れている。また，各地域の様子も記されており，例えば釜山について「釜山はあまりにも内地化して居りどこにも朝鮮らしい様子がない」[16]とあり，「内地と交通が開かれてゐたからである。」という当時の釜山の様子が述べられている。慶州で訪れた仏国寺や海雲台は「朝鮮八景」と伝えられている観光地である。また，京城の欄には「教会出席」[17]と記述されており，キリスト教主義学校ならではの傾向をうかがい知ることも出来る。

　朝鮮半島への修学旅行は，少なくとも1939（昭和14）年までは続けられていたようだ。日中戦争中の1938（昭和13）年の卒業アルバムにも，朝鮮総督府前で撮影された集合写真が掲載されている。1939（昭和14）年の卒業アルバムまで修学旅行の写真が確認できたが，恒例の朝鮮総督府前で撮影された集合写真は見られず，現地の学生と交流していたと思われる特徴的な写真が掲載

されていた（写真1）。その写真は，朝鮮半島の民族衣装「チマ・チョゴリ」の制服を着用した女性と西南女学院の女学生を撮影した集合写真で，「梨花女学校」という説明が書かれていた。梨花女学校は朝鮮半島の最初の女学校として，1886（明治19）年に宣教師によって創設された。[18]この一枚の写真からは，朝鮮半島のキリスト教主義学校の女学生と西南女学院の女学生が交流していたことがうかがえる。植民地への女学生の修学旅行を国家が推奨した背景には，「臣民意識」の高揚などがあったが，実際には海外渡航や留学経験の少ない当時の女学生たちにとって，数少ない異文化交流の機会でもあったと考えられる。

西南学院

（1）『修学旅行及遠足ニ関スル記録』にみる修学旅行

　男子校であった西南学院においても修学旅行は実施されている。しかし，西南学院における修学旅行は，植民地といった海外の地域に行くものではなく，日本本土への旅行を中心としており，神社への参拝も含まれていた。

　1935（昭和10）年の『修学旅行及遠足ニ関スル記録』[19]によると，10月23日から26日にかけて3泊4日で鹿児島，宮崎，大分に訪れている。[20]鹿児島では，島津斉彬を祀っている照國神社や西南戦争の激戦地であった城山公園，西郷隆盛が自刃したとされる南洲翁洞窟や彼を祀る南洲神社，そして西郷隆盛が眠る西郷南洲墓を見学していたようである。照國神社に祀られている島津斉彬は幕末に鹿児島の富国強兵・殖産興業政策に着手し，近代化に貢献した人物として知られている。また，西郷隆盛も開国から明治にかけて活躍した人物であり，士族による最後の反乱である西南戦争を率いた主導者である。このように，鹿児島における修学旅行の行先は，幕末から明治にかけて活躍した人物に関係する場所への観光が多かった。宮崎では，高千穂峯登山や神武天皇とその家族を祀る宮崎神宮，青島神社

写真1　「梨花女学校ノ庭ニテ」
1939（昭和14）年卒業アルバム　西南女学院蔵

への参拝等をおこなっている。最後に，大分では別府温泉の地獄めぐりをしていた。

翌1936（昭和11）年の『修学旅行及遠足ニ関スル記録』の記述によると，10月20日から24日にかけて4泊5日で鹿児島，宮崎，大分に訪れている。[21]大体の流れは前年と同様であった。鹿児島では照國神社，南洲翁墓地，島津家別邸，城山公園，霧島神宮に訪れていた。宮崎では高千穂峯に登山，宮崎神宮の見学，大分では地獄めぐりをおこなっていた。これらの記録から，九州を巡る修学旅行においても，神社参拝や歴史の名所を通して大日本帝国の臣民としての自覚を促すことが目的だったと考えられる。

（2）『学友会雑誌』にみる修学旅行

1939（昭和14）年発行の『学友会雑誌』第21号には，[22]西南学院高等学部商業科の学生の作文が掲載されており，それによって当時の修学旅行の内容を確かめることができる。この時の商業科の学生は，兵庫，大阪，奈良，三重，京都の5地域を修学旅行先として訪れていたようである。以下は参加学生の蓬澤芳夫氏，八尋経敏氏，松浦晴海氏，蔣野増雄氏，讃井憲之助氏の作文に基づく当時の修学旅行の内容である。

まず，蓬澤芳夫氏の作文によると，[23]兵庫では，楠木正成を祀る神戸の湊川神社を参拝，「神戸商業会議所」で「海外貿易に関する御講演を拝聴し」，「三井物産株式会社」で昼食を食べた後に港を一巡したようである。この時期は日中戦争の最中であったが，一方で国際貿易が盛んにおこなわれており，港町として栄えていた神戸特有の風景についても言及されていた。川崎造船所を見た際には「建造中のシヤム，満洲國の軍艦が形ばかり組立てられ，彼の欧州大戦に我が日本がドイツより分捕つた一六，〇〇〇噸の船を収容し得るフローテイングドックあり，或は南米に世界一週に自由に大洋の眞中を往来する大汽船サントス丸が悠々とその雄姿を海に浮かべてゐる（原文ママ）。」と述べている。この作文を書いた蓬澤氏ははっきりと「戦時風景が展開して居た」と述べており，学生の間でも生活や都市の中に漂う戦時色を感じていたようである。また，国際都市としての神戸の雰囲気についても言及しており，「赤い髪の西洋人，黒い顔の印度人等に目を引かれて」と記されていた。

八尋経敏氏が書いた作文によると，[24]大阪では，大阪城，天王寺公園，心斎橋通りなどを観光し，地下鉄にも乗ったようである。夜間外出も許可されており，大阪の都市のネオンの華やかさについて触れられていた。また，八尋氏は大阪のことを「工業都市」と呼称しており，大阪城の「モダンなエレベーター」，街を走る車や信号機など，日本の近代的設備や機械に対する言及が多くみられた。

松浦晴海氏の作文によると，[25]奈良では，春日神社，東大寺を見学していた。特に，春日神社について引率の教師より「伊勢の天照皇大神宮 京都の八幡大菩薩と共に日本の三社と称された名祠である（原文ママ）」，「祭神は我が国建国の創業に多大の貢献を遺された」と説明があったようだ。

蔣野増雄氏の作文によると，[26]次に訪れた三重では伊勢神宮を参拝しており，「皇祖天照大神を祀り奉る所と思へば身の引しまるを覚え」「時局重大の折皇国の無窮 武運長久ならん事を祈つて神前を退出した」と述べられていた。

讃井憲之助氏の作文によると，[27]京都の旅行内容は，以下の通りであった。到着後最初に桃山御陵と乃木神社を訪れ，次に三十三間堂，清水寺，「平安遷都の大業を断行された桓武天皇をお祀りしてある」平安神宮や，金閣寺，本願寺を見学している。また，嵐山方面にも赴き紅葉や自然の風景を楽しんでいたようである。特に，桃山御陵では「参拝し明治大帝昭憲皇后の御聖徳を偲び奉り」とあり，天皇にまつわる場所を訪れていたことが分かる。また，乃木神社は明治天皇が亡くなった際に妻と共に殉死した陸軍大将乃木希典を祀っている神社である。このように，単なる京都の歴史遺産の観光だけでなく，「忠義愛国」思想を養う場としての行き先も含まれていたようである。

続いて，中学部の修学旅行についても，参加した学生の作文をもとに確認したい。1940（昭和15）年発行の『学友会雑誌』第22号には[28]参加学生の瀧川完氏，倉富眞氏，川上弥太郎氏，村田稔氏，田熊一之助氏による作文が掲載されており，それによって修学旅行の内容を確認することができる。

当時の中学部の学生は長崎，鹿児島を修学旅行先として訪れていたようである。まず，瀧川完氏の作文によると，[29]長崎に行くまでの間に，日露戦争の英雄である「軍神橘中佐」の「生れた村に寄」っている。その後，長崎の雲仙に到着後，「雲仙温泉」に入浴していた。「誰かが「硫黄温泉だからニキビが治るぞ！」と云つたのでドット笑った（原文ママ）。」という記載があり，学生らしい当時の交流の一端を垣間見ることができる。雲仙で温泉に入浴後は，雲仙普賢岳に登山したようである。倉富眞氏の作文によると，[30]登頂後紅葉の風景を楽しみ，友人と現在の雲仙地獄にある「八幡地獄に遊びに行」っている。

鹿児島での旅行内容については，川上弥太郎氏，村田稔氏両名の作文をもとに紹介する。川上弥太郎氏は[31]雲仙を発ち島原城址の見学をしたことや鹿児島へと向かう道中について述べていた。鹿児島到着後は「待望の自由解放となる」が，「先生の注意により先づ城山へ

行く」とあり，自由行動の中で城山を見学していたことがわかる。その後「洞窟に行く」とあるが，「南洲翁終焉の地」と書いていることから，西郷隆盛が自刃したとされる南洲翁洞窟に行ったと思われる。その後，「正面に大西郷　左右に村田桐野の諸将星を始め」納められている「勇士の墓」に赴き，最後に「県庁裏」にある「官軍と力闘した若き私学校生徒の熱情がひし〳〵としのばれる」「私学校跡」に訪れている。ここでの「私学校跡」は，鶴丸城の厩跡に西郷隆盛が創設した私学校の跡地と考えられる。1935（昭和10）年・1936（昭和11）年と同様，鹿児島では西郷隆盛関連の名所を中心に訪れていたようである。また，その後は，村田稔氏によると「桜島」の見学もおこなったようである。

鹿児島での修学旅行では，最後に霧島に赴いており，霧島に着いた後の話は，田熊一之助氏の作文[32]に記されている。霧島着後，学生たちは韓國岳に登山した。頂上からは，「霊峯高千穂が屹然と聳え遥かに桜島の噴煙が見え」，「遠く天孫降臨の時代を偲」んだという学生の心境が書かれていた。

このように，西南学院の修学旅行の行き先としては日本本土の旅行が中心であり，「皇国の臣民」としての自覚を知り，「忠君愛国」・「敬神崇祖」の精神を培うことが目的だったと考えられる。

Ⅳ　考察

以上，西南女学院・西南学院の資料をもとに，戦時下における当時の修学旅行について，両学院の事例を確認した。

西南女学院の特徴としては，植民地へ赴いていたこと，植民地に作られた日本式神社への参拝，現地の女学校と交流していたことなどが挙げられる。西南女学院のように植民地への修学旅行をおこなっていた背景には，帝国主義的な時勢の影響や「国威発揚」を体感させる意図があったと考えられる。その一方で，留学経験や教育の機会が現代以上に制限されていた女学生たちにとっては，貴重な異文化交流の機会にもなっていたと思われる。

陸軍将校が配属された男子校であった西南学院の特徴としては，日本本土の旅行が主であったが，神社参拝や大日本帝国の礎を築いた人物に関する名所に行っていた点などが挙げられる。当時の修学旅行では，大日本帝国の歴史に触れることが重要視されており，「臣民」としての「忠義愛国」意識を育む教育的な意義を持っていたと考えられる。

二つの学院の修学旅行について比較したことで，両学院に共通する特徴として，キリスト教主義学校であ

ったにもかかわらず神社への参拝をおこなっていたという点が挙げられる。当時の神社参拝は，国民の「日本人」としての認識を育む上で重要な役割を果たしており，天皇を象徴する神社を訪れることで「日本人」としてのアイデンティティを育てることが期待されていたと考えられる。それはキリスト教主義教育を掲げていた学校においても例外ではなく，次第に戦時色が強まる中，「大日本帝国」の一国民として，国家神道下での「敬神崇祖」が求められていたのである。

Ⅴ　おわりに

戦時下の修学旅行における神社参拝や名所観光は，「大日本帝国の臣民」としての意識の形成を目的としたものであった。実際，西南女学院の女学生たちは，異文化交流を通じて国際感覚を育む一方で，「大日本帝国」が広げていた「領土」の意識を持つことが期待されていたようである。また，西南学院の学生たちは日本本土の旅行を通して，「臣民」としての意識や「忠義愛国」の精神を確立することを求められていた。

このように，学生生活の記録の一部から，当時の社会情勢や国の教育意識などを知ることができる。特に戦時下の学生生活に関する資料は，当時の教育状況や社会情勢を理解する上で数少ない貴重な情報源となる。さらに，戦後の教育改革の原点や平和教育の取り組みを考える上でも，この種の資料は重要な役割を果たすだろう。当時の教育方針や教育内容がどのような影響を与えたのかを見直し，これからの教育の在り方について考えるきっかけにもなる。

しかしながら，戦時下の学生生活に関する資料はほとんどが一般公開されておらず，また収集状況も学校によって差異がみられる。資料の収集・保存が不可欠であり，今後さらなる工夫が必要となっていくだろう。そのため，今後はこういった戦時下の資料の貴重性を再認識していく必要がある。また，資料のデジタルアーカイブ化を進め，web上に公開するなど，新しい手法を用いることで，教育者・研究者による検証や調査も進むだろう。

修学旅行や学生生活の様相に関する調査は，当時の教育状況や世相についての考察に繋がる。より多くの事例を調査することで，当時の教育の実態が明確になることが期待できる。

【参考文献】

荒山正彦　2011「忘れられた植民地ツーリズムの軌跡」『関西学院大学図書館報　時計台』，関西学院大学図書館，16-22頁。

梅野正信編　2021『校友会雑誌にみる「帝国日本」「植民地」「アジア認識」』，静岡学術出版

笠井雅直　2022「修学旅行の史的検討―行軍・学修から観光・学修へ―」『名古屋学院大学論集』第10巻第1号，名古屋学院大学総合研究所，25-32頁。

関儀久　2015「明治期の地方商業学校に於ける海外修学旅行について―熊本商業学校・函館商業学校の事例を中心に―」『教育学研究』第82巻第2号，日本教育学会，113-125頁。

曽山毅　2013「日本統治期台湾における修学旅行の展開―『台湾日日新報』を中心に」『観光学評論』第1巻第2号，観光学術学会，185-202頁。

高瀬幸恵　2007「1930年代における小学校訓育と神社参拝―美濃ミッション事件を事例として―」『日本の教育史学』第50巻，教育史学会，58-70頁。

高媛　2004「戦前における「満洲」への修学旅行」『国際日本学の可能性』，お茶の水女子大学大学院人間文化研究科国際日本学専攻・比較社会文化学専攻，1-11頁。

中村香代子　2007「ソウルの植民地経験と反日表彰空間のメカニズム―朝鮮総督府庁舎と朝鮮神宮を中心に―」『社学研論集』第10号，早稲田大学大学院社会科学研究科，123-133頁。

太田孝子　2014「植民地下朝鮮における梨花女子高等女学校―光州学生運動を中心に―」岐阜大学留学生センター紀要』2014年号，岐阜大学留学生センター，3-20頁。

星野郎　1998「修学旅行の歴史（戦後の部その一）」，第27号，『地理教育』，地理教育研究会，64-74頁。

山本信良・今野敏彦　1987『近代教育の天皇制イデオロギー』，新泉社

【注】

（1）曽山毅　2013「日本統治期台湾における修学旅行の展開―『台湾日日新報』を中心に」『観光学評論』第82巻第2号，日本教育学会，187頁。

（2）山本信良・今野敏彦　1987『近代教育の天皇制イデオロギー』，新泉社，183-186頁。

（3）前掲同，191-195頁。

（4）関儀久　2015「明治期の地方商業学校に於ける海外修学旅行について―熊本商業学校・函館商業学校の事例を中心に―」『教育学研究』第82巻第2号，日本教育学会，113頁。

（5）高媛　2004「戦前における「満洲」への修学旅行」『国際日本学の可能性』，お茶の水女子大学大学院人間文化研究科国際日本学専攻・比較社会文化学専攻，1頁。

（6）星野郎　1998「修学旅行の歴史」『地理教育』，地理教育研究会，64頁。

（7）前掲同，64頁。

（8）梅野正信編　『校友会雑誌にみる「帝国日本」「植民地」「アジア認識」』，静岡学術出版，280頁。

（9）前掲同，281頁。

（10）前掲同，281頁。

（11）学生の修学旅行だけでなく，一般旅行客向けの植民地観光案内も存在した。実際，朝鮮総督府鉄道局が1935（昭和10）年に作成したリーフレット「朝鮮旅行案内」では，当時の朝鮮半島内における交通網や主要観光地，温泉や寺社などが紹介されている（「忘れられた植民地ツーリズムの軌跡」関西学院大学図書館報『時計台』，19頁）。当時，朝鮮は日本の植民地であったため，日本式神社であった「朝鮮神宮」も観光地の一つとして挙げられている。同様の観光案内リーフレットは，満洲，台湾，樺太，南洋諸島といった他の植民地域でも作成されていた（同上，20頁）。

（12）高瀬幸恵　2007「1930年代における小学校訓育と神社参拝―美濃ミッション事件を事例として―」『日本の教育史学』第50巻，教育史学会，58頁。

（13）前掲同，58頁。

（14）中村香代子　2007　「ソウルの植民地経験と反日表彰空間のメカニズム―朝鮮総督府庁舎と朝鮮神宮を中心に―」『社学研論集』第10号，早稲田大学大学院社会科学研究科，126頁。

（15）前掲同，128頁。

（16）小倉市下到津西南女学院朝鮮旅行案内係　1936『朝鮮見学旅行の栞』，8頁（本資料については本図録の30頁も参照）。

（17）前掲同，2頁。

（18）太田孝子　2014「植民地下朝鮮における梨花女子高等女学校―光州学生運動を中心に―」『岐阜大学留学生センター紀要』2014年号，岐阜大学留学生センター，3頁。

（19）『修学旅行及遠足ニ関スル記録』は1918（大正7）年から1937（昭和12）年までの修学旅行の記録であり，現在西南学院史資料センターが所蔵している。一部破損箇所あり。

（20）『修学旅行及遠足ニ関スル記録』，162-181頁。

（21）『修学旅行及遠足ニ関スル記録』，182-189頁。

（22）『学友会雑誌』は西南学院学友会が発行していた会誌であり，第21号には1939（昭和14）年の修学旅行について記載されている。現在，西南学院史資料センターが所蔵している（本資料については本図録の55頁も参照）。

（23）前掲同，122-123頁。

（24）前掲同，123-125頁。

（25）前掲同，125-126頁。

（26）前掲同，126-127頁。

（27）前掲同，128-129頁。

（28）『学友会雑誌』第22号には1940（昭和15）年の修学旅行について記載されている。

（29）前掲同，164-165頁。

（30）前掲同，166-167頁。

（31）前掲同，167-170頁。

（32）前掲同，170頁。

西南学院の使命と平和構築

西南学院大学神学部教授　**須藤伊知郎**

Ⅰ　C.K.ドージャーの『日記』(1928年)

「熊野牧師が，平和に関する良い説教をした。今日は休戦記念日である。世界大戦が10年前の今日，終わった。」（C.K.ドージャー『日記』1928年11月11日，下線筆者）

これは西南学院史資料センターに保管されている創立者C.K.ドージャーの『日記』(1928年) の一節である。この『日記』は，ドージャーがいわゆる「日曜日問題」で学院を去らざるを得なくなる直前の一年間の記録であるが，この中で「平和」という言葉が出てくるのはこの一箇所のみである。11月11日は第一次世界大戦（1914〜18年）の終結を記念する「休戦記念日〔Armistice Day〕」であった（現在は「復員軍人の日〔Veterans Day〕」）。「世界大戦」は止んでいるものの，すでに「中国は戦争の只中にある」状態であり（『日記』4月27日），1931年から15年にわたって続くアジア・太平洋戦争に向かっていく危険な状況であった。1月16日の『日記』には軍部からの訪問者たちが学校を視察する様子が記されており，3月10日には旅順港攻撃記念式典で松井大佐がスピーチしたことも報告されている。また，7月10日には高等学部の終業式で9月から軍事教練をする新谷教授が紹介され，9月13日には鳥居学部長がその補佐をする平本氏を連れてきたと書かれている。そして11月29日には「去年の春に卒業した卒業生が二人訪ねてきた。二人とも一年は入隊するため黒門に行く途中だった。会えて嬉しかった。」とある。この時点で，学院では日常的に軍事教練が行われており，卒業して入隊する者もいたことが分かる。

このような状況に照らして興味深いのは，この1928年に行われた昭和天皇の即位礼と大嘗祭への言及，そして「御真影」問題である。まず，4月29日には，「学校で天皇誕生日を祝う式典に参加してから午前10時10分からの礼拝に出席した。」とあり，6月5日には大嘗祭のための主基斎田（早良郡脇山村〔当時〕）のことが大きな関心を持って描かれている。「今川橋に行き，車が借りられるかどうか確認した。今年の秋に天皇の即位式で飲まれる日本酒の原料が取られる田んぼの稲植えの祝賀会の様子を見に行きたかったのだ。…（中略）…祝賀会は2時間半に及んだ。神道式であった。」ドージャーの，おそらく宗教史的な関心の高さは，彼がD.C.ホルトムの即位の礼に関する著作を購入し，研究していることから窺える。「丸善に行ってD.C.ホルトム博士が日本の即位礼を説明する本を買った。」（『日記』10月10日）「即位礼に関するD.C.ホルトム博士の本を一章読んだ。」（10月28日）「いつもの朝の勤めの後，明治祭あるいは明治天皇の誕生祝いの式典に出席しに学校に行った。…（中略）…午後9：30まで『即位礼』の本を読んだ。」（11月3日）学院では即位礼初日の歌の練習も行われ，記念植樹もなされている。「即位礼の初日に歌われる歌の練習が行われた。」（10月29日）「天皇の即位を記念するために，12本ほどの木を植えた。」（11月9日）「学校で天皇即位の記念式典が行われるので参加する準備をした。…（中略）…それから郵便局に行き，即位礼のために発行された記念切手を買った。中学生と一緒に式典に参加した。…（中略）…先生や生徒により植えられた学内の12本の木を記念する短い式典を開き，それから東公園に行き，全中学校の少年少女が『天皇万歳』と叫ぶ祝賀会に行った。」（11月10日）「天皇即位礼を記念して高等学部

C.K.ドージャー

『日記』1928年（西南学院史資料センター所蔵）▶

の学生と教員が学校に寄付した木を見る。」（11月12日）

このようにドージャーは即位礼に並々ならぬ関心を持ってこれを見つめているのだが，それはどこか覚めた眼差しであることが次の叙述から分かる。「今日，日本人は即位礼のお祝いをしている。天皇のおかげで何千人もの人々がご馳走になっている。私は勉強や仕事をしてこの日を過ごした。自分の勉強と仕事のための静かな時間が過ごせる日があってよかった。」（11月16日）

しかし，これが「御真影」問題となると話は別で，傍観しているだけでは済まなくなる。「青山，明治，関西をはじめとする学院の学長に手紙を書き，天皇と皇后の写真の受け取りについてどうするつもりかを尋ねた。」（6月7日）「午後はキリスト教学校の代表者たちと，天皇と皇后の写真を学校に下賜するとの申し出への対応について協議して過ごした。激論であったが，，〔原文ママ：コンマ二つ〕最終的な結論は出なかった。当然ながら日本人は写真を求めているが，扱いを誤った場合の結果を恐れている。…（中略）…帰宅すると，その問題に関する手紙が青山学院から届いていた。この学校は，写真を受け取らない。」（6月14日）

ドージャーは「御真影」を学校に飾ると，偶像礼拝になりかねない危険を察知して，それを危惧しているのである。ドージャーが去った後，学院は他のキリスト教学校と足並みを揃えて「御真影」を「奉戴」していくこととなる。[3]

以上，1928年の『日記』から推察されることは，ドージャーは当時の世界情勢，特に戦争が始まっている中国の状況を意識してはいるが，「平和」を学院の中心的な使命とは考えていなかったのではないか，ということである。[4]

II 帰米中のW. M. ギャロット（1942〜47年）[5]

「第一の交換船でアメリカに帰ってみると，私の上陸は少し面倒でした。上陸者は一人一人個人的に調べられました。私は何時間かかかりました。質問の『戦争に対する態度』への私の答えは『私は戦争に参加出来ません』というのであったからです。『敵を愛せよ，と言うのは私の信条であります。私には銃を執ることが出来ません。或は人によっては出来ても，私には出来ません』と言ったのです。」（W. M. ギャロット「義は国を高うす」『日本バプテスト』4号，1948年10月1日）

W. M. ギャロットの場合には，アジア太平洋戦争の只中でその信仰が試され，揺るがない平和主義を貫いている。上に引用した講演で語っているのは，彼が1942年6月に日米第一次交換船でアメリカに帰国させられた際のエピソードである。日米が戦争をしてい

W. M. ギャロット
（年月不詳，西南女学院院長時代）

るまさにその時，彼は「敵を愛せよ」というイエス・キリストの言葉を語って，戦争への参加を拒否したのである。兵士たちに「敵を愛せよ」と説教をして反論された際，彼はこう言う。「宇宙の神に従うものは人を憎むことができない，一方の利を欲し，他方の不幸を望むことは神を信ずるものには出来ないのであります。中には美わしい信仰をもちながら戦争に参加した人も多いでしょう。人を審くことは私には出来ませんが，まだ恐らくその人たちの目は十分開かれていないのだと思います。萬物の創造主は一方を愛して一方を憎む方ではない。」[6] 帰国した戦時中のアメリカで，彼は精力的にこの愛と平和のメッセージを語った。「私のアメリカへのメッセージは一つだった。それは直接イエス・キリストがおっしゃったメッセージで，アメリカ中でそれを説教した。それは『汝の敵を愛せよ！』だった。ある人たちは，それを言うのはあまりにも奇異（queer），またそのように言うのは，時期としてはあまりに奇異（queer）であると考えた。…（中略）…それは，敵が愛するに足るからではない。その人が善人で愛すべき人だからではない。神がその人を愛しているからだ。」[7] そして，彼は実際に敵（この場合，具体的には日本人）を愛することを実践したのである。ギャロットは強制収容されていた日系人の収容所で牧師として仕えた。[8] 彼は「南部バプテストと日系人」という文章（1942年）で次のように言っている。「キリストは私たちに言われています。『旅人（stranger）に愛を示すことを忘れてはなりません。…自分も一緒に捕らえられているつもりで捕らわれている人たちを思いやりなさい。』『これらの私の兄弟の一人にしたことは，すなわち，私にしたことと同じなのです。』この状況を通して，キリストは南部バプテストの人たちに，これらの人々が伝道，教育，雇用を通してアメリカ社会に溶け込み，その市民権の

ギャロットが牧師として奉仕していたローワー収容所▶
（1944年6月 © Mace, Charles E.）

擁護にむけて援助するようにチャレンジしています。[9]」

III　建学の精神
「西南よ，キリストに忠実なれ」をどう捉えるか

C．K．ドージャーは，学院を創立した1916年12月の日記に「今年は私の日本に來てからはじめてといってよい位の最も多忙だった一年である。則ち西南學院の創立是れである。私は忠實ならんことを努めた。(I have tried to be faithful.)」と書いている。また，亡くなる二月ほど前の1933年3月28日にはこうある。「今日町へ出掛けたり，町から歸ったりする時に胸が痛むのを覺えた。神は私に對して尚ほどれくらいの仕事をお持ちになるか分らない。が私は最後まで神に忠實ならんことを努めやう。(but I shall try to be faithful to the end.)[10]」　そして死の床でドージャーは語る。「西南に，基督に忠實であるように伝えてほしい。(Tell Seinan to be true to Christ.)[11]」ここでドージャーが言っているto be faithful というのと to be true というのは，聖書的にはひとつのことである。すなわち，聖書は，神は真実なお方であり私たち人間に対していつも誠実であられる，私たちはその神の真実に応えて忠実に生きるべきである，と語っている。この真実，誠実，忠実を聖書のヘブライ語では名詞で אֶמֶת「エメト」(まこと)と言い，副詞では אָמֵן「アーメン」(まことに)と言う。語根の אָמַן「アーマン」は，倒れないでしっかり立っていること，ぶれないこと，を表す言葉で，そこから，ぶれないので信頼できる，誠実，忠実，真実である，という意味の広がりが出て来る。ぶれることのない，変わらない真実，というところから「真理」という意味にもなる。人は自分一人ではしっかりと立ち続けることができないが，揺るぎなく誠実である神にすがり，つかまっているなら，ぶれることなく立つことができる。ドージャーはこの聖書的な意味で，自らキリストに忠実であろうとしたし，西南にも忠実であることを求めたのである。

W．M．ギャロットもまた，彼が置かれた状況の中で，キリストに忠実であろうとした人である。しかし，それはドージャーと同じになろうとした，ということではない。この点で示唆的なのが，彼の学院創立50周年記念講演の次の言葉である。「永遠の学院！永遠の学院！と歌いますが，西南は，学校として，事業体として，永遠のものではありません。…（中略）…西南が"永遠の学院"，永遠的な学院となるには50年前の歴史の繰返しにあるのではなく，今日永遠なものに生きるということによるのです。…（中略）…『C．K．ドージャー先生はこう言いました。波多野培根先生からこう教わりました。河野貞幹先生はこういうふうに言われました。』と言って永遠性に与るのではなく，今日自

分の存在に於いて，永遠に生きる一個人として，永遠的なものと取り組んで，永遠の神の御前に生きる事によるのです。[13]」ギャロットは日米戦争の敵か味方かという極限状況の中でキリストに忠実であろうとし，「敵を愛せよ」というキリストの平和の言葉を人々に説き，実践したのである。そうだとすれば，私たちもま

「西南学院創立百周年に当たっての平和宣言」解説冊子

た，私たちが今日置かれている状況の中で，キリストに忠実であることを模索すべきであろう。

IV　今日「キリストに忠実である」とは？

西南学院は2016年，「西南学院創立百周年に当たっての平和宣言―西南学院の戦争責任・戦後責任の告白を踏まえて―[14]」を発表した。直接のきっかけは2010年に，大学ラグビー部OBの坂本讓氏から学徒出陣戦没者の追悼式を行ってほしいとの申し出がなされたことであった。彼はラグビー部の歴史を調べるうちに学徒出陣で亡くなった部員の存在に気付き，追悼式を行う必要性を寺園喜基院長（当時）に訴えたのである。そこで「西南学院と戦争」検討委員会（松見俊委員長）が設置されて対応が検討され，戦争責任の告白が視野に置かれたが，坂本氏がご高齢でもあり，学徒出陣70周年の節目を迎える2013年にまず，博物館2階講堂で西南学院学徒出陣戦没者追悼記念式を挙行した。そして，創立百周年の2016年を期して学院の戦争責任の告白を行うこととなり，告白文起草委員会（松見俊委員長）が組織され，教職員のアンケートを取る等，広く学内の意見を集め，検討が進められた。大学宗教部では，他に先んじて戦争責任の告白を発表していた明治学院の例に学ぶため，2015年2月に大西晴樹同学院前院長を招いてファカルティ・リトリートを開催した。[15]

折しも集団的自衛権の行使容認の閣議決定が前年7月になされ，安全保障関連法が俎上に載り，戦後70年曲がりなりにも続いた平和が大きく脅かされ始めた時であった。2015年7月に衆議院で安保法案が強行採決されると筆者は国際文化学部の伊藤慎二，中島和男，法学部の田村元彦の諸氏と語らって，学内の緊急反対集会を呼びかけた。反対声明には多くの教員の賛同を得た（9月の参議院強行採決後の第二次声明への賛同も合わせると，大学教員の過半数）。学生たちもこれに呼応してFukuoka Youth Movementを組織し，街頭に

出て平和を求める非暴力のパレードを行った。筆者の立場では，これは真の平和の君であるキリストに忠実であろうとする，西南の建学の精神に沿った運動である。残念ながら法案の成立を阻止することはできなかったが，私たちは「安全保障関連法の廃止を求める西南学院有志の会」[16]として活動を続けている。

翌2016年4月1日，「西南学院創立百周年に当たっての平和宣言」が発表された。この宣言ではまず，「西南学院はイエス・キリストの福音に基づいて平和と人権を大切にする学校であるにもかかわらず，先のアジア・太平洋戦争ではこれに加担し，韓国（朝鮮），中国などの諸外国の人々をはじめ多くの人々に多大な苦しみを与えてしまいました。また，その責任については，戦後の歩みの中においても公に表明してきませんでした。」と言って，学院の戦争責任，戦後責任を告白している。そして，イエス・キリストの「あなたの神である主を愛しなさい」，「隣人を自分のように愛しなさい」（マルコ12：29〜31），「敵を愛し，自分を迫害する者のために祈りなさい」（マタイ5：44），「平和を実現する人々は，幸いである。」（マタイ5：9）といった言葉を引用した上で，「学院の名で学生を出陣させ，彼らのいのちを死に至らしめ，他国の人を殺すことを是認した」罪を告白，また戦後についても「戦争による自国の被害者の苦しみに共感できなかっただけでなく，天皇の名による侵略戦争によって傷つき，殺された人々への『加害責任』を心に刻み，民族や国境を越えて，戦争による負傷者や遺族たちの怒り，苦しみ，悲しみを受け止めることも十分にできていませんでした」と謝罪している。そして最終段落では「そのような過去と将来に想いを馳せ，自国本位の価値観を絶対視し，武力・暴力の行使によって人々の尊厳を抑圧するという過ちを二度と繰り返すことのないよう，西南学院に学ぶ者たちや教職員が目をさまして行動し，国際社会の真の一員となり，『平和を実現する人々』の祝福の中に生きる者となるよう，今その志への決意をここに表明します」と宣言している。学徒出陣戦没者の追悼から始まった取り組みは，「皇風宣揚に勇戦奮闘せられ」[17]と言って教え子を戦場に送ってしまった痛恨の過ちを二度と繰り返さない，という決意表明に結実したのである。

この平和宣言は，「キリストに忠実なれ」という建学の精神の，私たちが置かれている現在における具体化である。「西南学院ヴィジョン2016〜2025」[18]は建学の精神に基づく学院の使命を5つの視点で叙述しているが，その第一，「人間育成　キリスト教精神に基づいた隣人愛の実践」の筆頭項目には「平和をつくりだす人間教育」が挙げられている。平和を構築する使命を神から与えられて，学院は次の百年に向けてこの世界へと派遣されているのである。[19]

【注】
（1）C. K. Dozier, Diary, 1928; 同『日記』（対訳付きコピー），引用は後者の訳を参照しつつ，筆者が試訳した。以下，『日記』と略。
（2）D.C. Holtom, The Japanese Enthronement Ceremonies: with an Account of the Imperial Regalia, Kyo Bun Kwan 1928.
（3）宮川由衣「西南学院の『御真影奉戴』」本図録66頁所収，参照。
（4）C. K. ドージャー『我等の標準』（発行所，出版年不明）をも参照。これは「教會の青年」が「一ヶ年間毎週」学ぶための教科書として編纂されたものであるが（i 頁「一，目的），毎週のテーマの中で特に「平和」を取り上げているものはない。
（5）西南学院第5代，第11代院長，大学初代学長，西南女学院第7代院長。カレン・J・シャフナー著，原田宏美訳『ウィリアム・マックスフィールド・ギャロット伝「遣わされた方の御心を行うために」』西南学院，2021年；片山寛「戦争と西南学院とギャロット先生」『西南学院史紀要』5（2010）39−51頁，参照。
（6）シャフナー『ギャロット伝』81頁。
（7）シャフナー『ギャロット伝』31頁。
（8）アーカンソー州ローワー収容所，シャフナー『ギャロット伝』32−34頁参照。
（9）シャフナー『ギャロット伝』35頁。
（10）故ドージャー院長記念事業出版委員編『ドージャー院長の面影』ドージャー先生追憶記念事業出版部，1934年，7−8頁。
（11）同書，英文8頁。
（12）H. Wildberger, Art. אמן 'mn, in: E. Jenni/C. Westermann (Hgg.), Theologisches Handwörterbuch zum Alten Testament, Gütersloh 2004, 177−209を参照。これに対して，A. Jepsen, Art. אמן, אמונה, אמן, אמת, in: G. J. Botterweck/H. Ringgren (Hgg.), Theologisches Wörterbuch zum Alten Testament, Stuttgart 1970, 313−348は語源的な意味の確定についてより慎重。
（13）シャフナー『ギャロット伝』87頁。
（14）https://www.seinan-gu.ac.jp/assets/users/7/files/peace_declaration/a_Japanese.pdf　以下，平和宣言発表の経緯について詳しくは，伊原幹治「「西南学院学徒出陣戦没者追悼式」を終えて」『西南学院史紀要』9（2014）5−8および，同「「西南学院創立百周年に当たっての平和宣言−西南学院の戦争責任・戦後責任の告白を踏まえて−」について」『西南学院史紀要』12（2017）5−18を，内容については解説冊子，「西南学院の戦争責任・戦後責任の告白（案）」作業部会編『西南よ，キリストに忠実なれ−Be true to Christ−：西南学院創立百周年に当たっての平和宣言−西南学院の戦争責任・戦後責任の告白−』西南学院，2016年（写真）を参照。
（15）http://www.meijigakuin.ac.jp/~prime/shuppan/kokoro/kokoro_janapanese.pdf
（16）https://seinan-gu.jimdofree.com
（17）『西南学院新聞』62号，1943年1月25日。戦時下の学院については，西南学院百年史編纂委員会編『西南学院百年史　通史編』西南学院，2019年，91−138頁「総論　第3章　アジア・太平洋戦争と西南学院」，さらに松見俊「戦時下のチャペルと西南学院の戦争との関わり」『西南学院史紀要』4（2009）51−65を参照。
（18）http://www.seinan-gu.ac.jp/assets/users/8/files/vision-chuuchoukikeikaku/vision-chuuchoukikeikaku-pamphlet.pdf
（19）使命（mission）の語源はラテン語 missio で，これは任務を与えられて派遣（mittere）されることを意味している。この意味で西南はミッションスクールなのである。

●参考文献

秋岡陽「旧讚美歌委員会の解散と『興亜讚美歌』の誕生」『フェリス女学院大学キリスト教研究所紀要』第2巻2号，フェリス女学院大学，2017年，71-99頁

池田理知子「福岡女学院大学メディア・コミュニケーション学科における初年次教育の現在とこれから―「振武寮」を教材とする意味を考える―」『福岡女学院大学紀要　人文学部編』第31号，福岡女学院大学人文学部，2021年

生駒俊樹「公教育確立期における「御真影」の下賜と宿直制度」『成蹊大学文学部紀要』第57号，成蹊大学文学部学会，2022年，63-86頁

伊藤慎二「福岡市中央区薬院の戦争遺跡：陸軍振武寮とその周辺」『国際文化論集』第30巻2号，西南学院大学学術研究所，2016年，36-64頁

伊藤慎二「西南学院大学構内の戦争遺跡：松脂採取痕跡を中心に」『国際文化論集』第32巻2号，西南学院大学学術研究所，2018年，141-181頁

江口圭一『十五年戦争小史　新版』青木書店，1991年

片山寛「戦争と西南学院とギャロット先生」『西南学院史紀要』第5号，学校法人西南学院，2011年，39-51頁

学校法人西南女学院編『西南女学院六十年の歩み』学校法人西南女学院，1982年

金田隆一「日本基督教団の成立：主として戦時下のキリスト教資料集を通じて」『苫小牧工業高等専門学校紀要』第9号，苫小牧工業高等専門学校，1974年，77-87頁

金田隆一『戦時下キリスト教の抵抗と挫折』新教出版社，1985年

金田隆一『昭和日本基督教会史』新教出版社，1996年

カレン　J.シャフナー『ウィリアム・マックスフィールド・ギャロット伝：遣わされた方の御心を行うために』花書院，2021年

神田文人『昭和の歴史　第8巻　占領と民主主義』小学館，1983年

キリスト教学校教育同盟百年史編纂委員会編『キリスト教学校教育同盟百年史』教文館，2012年

キリスト教史学会編『戦時下のキリスト教：宗教団体法をめぐって』教文館，2015年

塩川和雄編『西南女学院のためにその生涯を捧げられた原松太先生記念誌』西南女学院，1961年

塩野和夫『継承されるキリスト教教育―西南学院創立百周年に寄せて―』九州大学出版会，2014年

下園知弥編『波多野培根：同志社と西南学院を支えた教育者』西南学院史資料センター，2020年

下園知弥，宮川由衣共編『学院史のなかの神学部：成立と歩み，そして現在』西南学院大学博物館・西南学院史資料センター，2023年

鈴木範久『日本キリスト教史：年表で読む』教文館，2017年

西南学院学院史企画委員会編『西南学院七十年史』学校法人西南学院，1986年

西南学院百年史編纂委員会編『西南学院百年史　通史編・資料編』学校法人西南学院，2019年

西南学院百年史編纂委員会編『Dozier　西南学院の創立者C.K.ドージャー夫妻の生涯』学校法人西南学院，2016年

西南女学院七十年史出版委員会編『西南女学院七十年史』学校法人西南女学院，1994年

田中陽子「十五年戦争下の衣服議論について：雑誌『被服』を中心として」『日本家庭科教育学会誌』ロゴス出版，2009年，184-194頁

武富滋海『ふれてください戦争に：遺品が語る戦争の実相』燦葉出版社，2019年

谷口幸男，遠藤紀勝『図説　ヨーロッパの祭り』河出書房新社，1998年

徳永徹『凛として花一輪：福岡女学院ものがたり』梓書院，2012年

富坂キリスト教センター編『女性キリスト者と戦争』行路社，2002年

富坂キリスト教センター編『十五年戦争期の天皇制とキリスト教』新教出版社，2007年

中島和男，片山隆裕共編『戦争を歩く・戦争を記憶する』朝日出版社，2019年

半藤一利『昭和史　1926-1945』平凡社，2009年

福岡女学校五十年史編纂委員編『福岡女学校五十年史』福岡女学校，1936年

福岡女学院75年史編修委員会編『福岡女學院七十五年史』学校法人福岡女学院，1961年

福岡女学院105年史編集委員会編『福岡女学院一〇五年史　1885〜1990』学校法人福岡女学院，1992年

福岡女学院資料室編『福岡女学院135年史』学校法人福岡女学院，2022年

福岡女学院百年史編集委員会編『福岡女学院百年史』学校法人福岡女学院，1987年

マドレーヌ・P・コズマン著，加藤恭子・山田敏子訳『ヨーロッパの祝祭典』原書房，1986年

峯崎康忠編『西南女学院三十年史』学校法人西南女学院，1952年

三好千春『時の階段を下りながら―近現代日本カトリック教会史序説―』オリエント宗教研究所，2021年

山本哲生「戦時下の学校報国団設置に関する考察」『教育学雑誌』第17号，日本大学教育学会，1983年

吉葉愛「学校教練における教育方針の変遷：一九三〇年代以降における教授要目改正を中心に」『昭和のくらし研究』昭和館，2017年，55-70頁

C.E.ランカスター『幸いなる旅路：自伝と回想』西南女学院，1969年

＊個々の資料解説については，これらの参考文献のほか，所蔵館による解説等を参照した。

●出品目録

番号	資料名	資料：年代／制作地／作者／素材・形態・技法 古写真：撮影年	法量(cm)	所蔵
序章　宗教団体法と日本基督教団の成立				
資料				
参考	宗教団体法関係法令諸手続集	1940 (昭和15) 年／奈良／奈良県学務部社寺兵事課／冊子	縦23	国立国会図書館
参考	日本バプテスト基督教団組織総会記録	［原本］1940 (昭和15) 年／東京／日本バプテスト基督教団本部事務所／冊子	縦19	同志社大学神学部
参考	日本基督教団創立総会記録	［原本］1941 (昭和16) 年／東京／日本基督教団／冊子	縦22	同志社大学神学部
参考	『教団時報』第十六号	1942 (昭和17) 年／東京／日本基督教団／新聞	—	
第1章　福岡女学院──戦火の葡萄				
資料				
I-1	福岡女学院校章	1941(昭和16)年以降／福岡／福岡女学院／金属製	縦1.9×横1.4	福岡女学院資料室
I-2	制服 冬服	1921 (大正10)年〈制定〉／福岡／福岡女学院／布製	総丈92.0 着丈43.0～44.0	福岡女学院資料室
I-3	制帽	1921 (大正10)年〈制定〉／福岡／福岡女学院／布製	周56.5	福岡女学院資料室
I-4	*THE HOUSE OF THE HEART & OTHER PLAYS FOR CHILDREN*	1909年／ニューヨーク／Henry Holt and Company／書冊	縦17.1×横12.0	福岡女学院資料室
参考	1935 (昭和10) 年頃 校地校舎及寄宿舎平面図	1935(昭和10)年頃	—	—
参考	1945 (昭和20) 年 戦災当時の校舎, 建造物	1945(昭和20)年	—	—
参考	慰問袋	製作年不詳／日本／祝愛会／布製	縦39.7×横35.0	兵士・庶民の戦争資料館
I-5	『若樹』復刊第1号	1947(昭和22)年／福岡／福岡女学校校友会／紙に印刷	縦39.0×横27.0	福岡女学院資料室
古写真				
I-P1	セーラー服を着た福岡女学校の生徒	1921(大正10)年頃	—	福岡女学院資料室
I-P2	メイポールダンス	1937(昭和12)年	—	福岡女学院資料室
I-P3	バスケットボール中の女学生	撮影年不詳	—	福岡女学院資料室
I-P4	モンペ姿の女学生	1944(昭和19)年	—	福岡女学院資料室
I-P5	運動場の開墾	1943(昭和18)年	—	福岡女学院資料室
I-P6	奉安殿	1941(昭和16)～1945(昭和20)年	—	福岡女学院資料室
I-P7	兵器工場で働く女学生	1943(昭和18)～1945(昭和20)年	—	福岡女学院資料室
I-P8	青空礼拝	1945(昭和20)年	—	福岡女学院資料室
I-P9	戦後初めての「クリスマス会」	1945(昭和20)年	—	福岡女学院資料室
第2章　西南女学院──十字架と桜				
資料				
II-1	校名募集当選の聖書	1920 (大正9) 年／神戸／大英国聖書会社・北英国聖書会社／冊子 (2冊)	(共に)縦15.5×横11.5	西南女学院
II-2	冬制服	［制服］年代不詳, ［ネクタイ］1944 (昭和19) 年以前／福岡／友田洋服店／［制服］布製, ［ネクタイ］絹製	［制服］総丈99.0 着丈39.5 ［ネクタイ］縦19.2×横131.0	西南女学院
II-3	制帽	1931～36(昭和6～11)年頃／福岡／友田洋服店／布製	周57.8	西南女学院
II-4	西南女学院卒業記念アルバム	1930(昭和5)年／福岡／西南女学院／冊子	縦27.0×横36.5	西南女学院
II-5	朝鮮見学旅行の栞	1936(昭和11)年／福岡／小倉市下到津西南女学院朝鮮旅行案内係／小冊子	縦22.0×横16.0	西南女学院
II-6	西南女学院校章(戦時下)	1941(昭和16)年／福岡／西南女学院／布製	縦6.1×横7.2	西南女学院
II-7	西南女学院校章(夏服用・国民服用)	1944(昭和19)年／福岡／西南女学院／布製	［夏服用］縦5.1×横4.6 ［国民服用］縦4.1×横5.1	
II-8	西南女学院校章(戦後)	1946(昭和21)年／福岡／西南女学院／布製	縦3.5×横5.1	西南女学院
II-9	『生徒心得 西南女学院』	1935(昭和10)年／福岡／西南女学院／小冊子	縦15.4×横9.3	西南女学院
II-10	*Gospel Service Songs*	1938年／インディアナ／The Rodeheaver／書冊	縦20.7×横14.5	西南女学院
II-11	『聖書教科書 イエス伝』	1939(昭和14)年／東京／基督教教育同盟会編, 三省堂／書冊	縦20.8×横15.0	西南女学院
II-12	『興亜讃美歌』	1943(昭和18)年／東京／日本基督教団讃美歌委員会編, 警醒社, 書冊	縦18.5×横12.9	西南女学院
参考	後藤禎三画 西南女学院ロウ講堂屋上からみた小倉の風景	1941(昭和16)年／福岡／後藤禎三／油彩画	縦60×横300	北九州市立自然史・歴史博物館
II-13	ロウ記念講堂改修記念手鏡	2016(平成28)年／福岡／西南女学院／木製, ガラス製	直径7.5	西南女学院
古写真				
II-P1	西南女学院の女学生たち	1929(昭和4)年	—	西南女学院
II-P2	桜の中の十字架	1942(昭和17)年以降か	—	西南女学院
II-P3	なぎなたの教練	1941(昭和16)年	—	西南女学院

II-P4	防空演習	1942(昭和17)年	―	西南女学院
II-P5	学徒動員 女子挺身隊	1945(昭和20)年	―	西南女学院
II-P6	戦時下のグランドマーチ	1941(昭和16)年以降	―	西南女学院
II-P7	記事「立ち退き勧告・外国人の総退却等」	[元記事] 1940(昭和15)年		西南女学院
II-P8	記事「愛国同志会・西南女学院排撃運動」	[元記事] 1940(昭和15)年		西南女学院
II-P9	兵士と女生徒の作業風景	1942(昭和17)年	―	西南女学院
II-P10	駐屯兵との総合運動会	1941(昭和16)年	―	西南女学院
II-P11	竣工したロウ記念講堂	1935(昭和10)年	―	西南女学院
II-P12	最初の航空写真	1952(昭和27)年頃	―	西南女学院
II-P13	迷彩色のロウ記念講堂 1	1937(昭和12)年	―	西南女学院
II-P14	迷彩色のロウ記念講堂 2	1937(昭和12)年	―	西南女学院

第3章　西南学院──松の下の受難

資料

III-1	旧制西南学院中学部校章(戦前)	1923(大正12)～1942(昭和17)年／福岡／西南学院／金属製	縦2.7×横2.4	西南学院史資料センター
III-2	旧制西南学院商業学校校章(戦前)	1939(昭和14)～1942(昭和17)年／福岡／西南学院／金属製	縦2.5×横2.5	西南学院史資料センター
III-3	『西南学院一覧』1921(大正10)年版	1921(大正10)年／福岡／西南学院／書冊	縦18.5×横13.7	西南学院史資料センター
III-4	『ゲッセマネ会報』第1号	1936(昭和11)年／福岡／ゲッセマネ会／小冊子	縦22.5×横15.1	西南学院史資料センター
参考	1931(昭和6)年 西南学院実測図	1931(昭和6)年		西南学院史資料センター
参考	1940(昭和15)年 西南学院校舎配置図	1940(昭和15)年		西南学院史資料センター
III-5	西南学院中学部卒業写真集	1932(昭和7)年／福岡／西南学院／冊子	縦31.6×横24.2	西南学院史資料センター
III-6	旧制西南学院中学部校章(戦時下)	1944(昭和19)年／福岡／西南学院／陶製	縦3.5×横3.5	西南学院史資料センター
III-7	西南学院制帽(レプリカ)	製作年不詳／福岡／西南学院／布製	直径23.0　周61.0	西南学院史資料センター
III-8	『古事記』偽装の英語教科書	1941(昭和16)年／日本／[英語教科書]吉武好孝編, 三省堂／書冊	縦18.1×横13.0	西南学院史資料センター
参考	西南学院音楽部(グリークラブ)第9回定期演奏会プログラム	1943(昭和18)年		西南学院史資料センター
III-9	『学友会雑誌』第21号	1939(昭和14)年／福岡／西南学院学友会／小冊子	縦22.2×横15.1	西南学院史資料センター
III-10	菊花紋章	1937(昭和12)年／福岡／西南学院／木製, 金箔	直径18.2	西南学院史資料センター
参考	奉安殿正面図及び側面面	1943(昭和18)年		西南学院史資料センター
参考	「松根油緊急増産運動」のポスター	1944(昭和19)年頃／日本／陸軍省・海軍省・農商省・全国農業経済会／紙本色招	縦50.6×横36.3	兵士・庶民の戦争資料館
III-11	『おとなになれなかった弟たちに……』	1983(昭和58)年〈初版〉／東京／米倉斉加年著, 偕成社／書冊	縦26.3×横19.0	西南学院大学博物館
III-12	『西南よ, キリストに忠実なれ ─Be True to Christ─ 西南学院創立百周年に当たっての平和宣言─西南学院の戦争責任・戦後責任の告白を踏まえて─』	2016(平成28)年／福岡／『西南学院の戦争責任・戦後責任の告白(案)』作業部会編, 学校法人西南学院／小冊子	縦21.0×横14.8	西南学院大学博物館

古写真

III-P1	授業前の祈禱	1925(大正14)年	―	西南学院史資料センター
III-P2	高等学部オーケストラ部	1922(大正11)年	―	西南学院史資料センター
III-P3	クリスマス行事	1930(昭和5)年	―	西南学院史資料センター
III-P4	全日本大学高専英語弁論大会	1935(昭和10)年	―	西南学院史資料センター
III-P5	庭球部	1938(昭和13)年	―	西南学院史資料センター
III-P6	勤労奉仕による陸軍墓地の石運搬	1935(昭和10)年	―	西南学院史資料センター
III-P7	軍事教練 正門前の行進	1935(昭和10)年	―	西南学院史資料センター
III-P8	奉安所	1937(昭和12)年	―	西南学院史資料センター

■編者略歴

下 園 知 弥（しもぞの・ともや）

1987年生まれ。京都大学大学院文学研究科思想文化学専攻西洋哲学史専修（中世）修士課程修了。現在，西南学院大学博物館教員（助教・学芸員）。専門はキリスト教思想・美術。主な研究論文に「発展する隣人愛—クレルヴォーのベルナルドゥスの神秘神学における『愛の秩序』の一側面—」（『日本の神学』第60号，教文館，2021年）がある。

山 本 恵 梨（やまもと・えり）

1999年生まれ。西南学院大学大学院国際文化研究科国際文化専攻博士前期課程在籍。専門は日本考古学。アジア・太平洋戦争期の遺跡を対象に研究しており，海外の事例にも関心がある。主な業績に，シモーネ＝ロイストル・フロリアン＝シュヴァニンガー著，山本恵梨・相江なぎさ・田中康裕・伊藤慎二訳「痕跡と証言—調査研究・教育対象としてのナチスのハルトハイム安楽死施設出土考古資料—」（『国際文化論集』第37巻第 2 号，西南学院大学学術研究所，2023年）がある。西南学院大学博物館学芸調査員。

■編集協力

鬼 束 芽 依（本学博物館学芸研究員）

迫田ひなの（同上）

相江なぎさ（本学博物館学芸調査員）

栗 田 りな（同上）

2023年度西南学院大学博物館特別展
2023年 5 月29日〜 7 月29日

西南学院大学博物館研究叢書
戦争と学院──戦時下を生き抜いた福岡のキリスト教主義学校

2023 年 5 月 29 日　第 1 刷発行

編　　者　下園知弥・山本恵梨
発　　行　西南学院大学博物館
　　　　　〒814-8511　福岡市早良区西新 3-13-1
　　　　　電話 092（823）4785　FAX 092（823）4786
制作・発売　合同会社 花乱社
　　　　　〒810-0001　福岡市中央区天神 5-5-8-5D
　　　　　電話 092（781）7550　FAX 092（781）7555
印刷・製本　大村印刷株式会社
ISBN978-4-910038-76-6